◆ 児童虐待防止と学校の役割 ◆

ジャネット・ケイ著
桑原洋子／藤田弘之訳

信山社

Originally published in English by Continuum
under the title of
Teacher's Guide to Protecting Children
© Janet Kay, 2003

Japanese Translation Rights arranged with
Tokyo, Japan, Shinzan Books, T.Arimoto, 2005

はしがき

　本書は,「クラスメート」という教育関係実務シリーズに収録されている著書の翻訳である。「クラスメート」シリーズは,教職員の教育実践やキャリアアップを目的としたシリーズである。その趣旨は,現在,教師の負担が過重になっており,読書をする余裕がなくなっていることを踏まえて,多忙な教師が最低限必要とする情報を提供することにある。

　このシリーズでジャネット・ケイが執筆した『児童虐待防止と学校の役割』は,学校関係者が児童虐待の問題に関与する際,その役割を責任を持って果たすのに不可欠な知識やスキルを解説する目的で刊行された実務書である。したがって,本書の内容は,実践を踏まえた具体的なものであり,教育現場にいる者が必要とするノウハウを平明に提示している。

　現在,児童虐待は,わが国において大きな社会問題とな

っている。こうした時期に本書を翻訳することは意義があると考えた。とくに，従来等閑視されてきた，児童虐待防止に対する学校の役割に焦点をあてた本書は，瞑目すべきものがあると考える。

本書の第1章・第2章・第5章は，藤田が，第3章・第4章・第6章は，桑原が下訳し，全体について相互に訳を調整した。

原著では，章立て形式をとってはいないが，訳書では読者の便宜のために，Ⅰ～Ⅵにある各タイトルを章と標記した。

原著の中で括弧内に入っていた引用文献は，必要と思われる場合，参考文献一覧表の番号で示した。参考文献は，原著の最終ページに示されている文献一覧を基本とし，文中に引用されている文献を一部追加した。

翻訳に際しては，多数の先行研究を参照した。これらの文献はその全てをここに提示することが望ましいが，紙幅の関係上つぎの2冊の著書を掲載するに止める。それはこの2冊がイギリスの児童虐待に関する先行研究をほぼ網羅して引用していると考えるからである。

① イギリス保健省・内務省・教育技能省編，松本伊智朗・屋代通子訳『子ども保護のためのワーキング・トゥギ

ャザー——児童虐待対応のイギリス政府ガイドライン』（医学書院，2002年）（参考文献5の邦訳書）

　② 峯本耕治『子どもを虐待から守る制度と介入手法——イギリス児童虐待防止制度から見た日本の課題』（明石書店，2001年）

　外国の制度・政策を，社会的文化的背景が異なるわが国のモデルとすることには限界があるが，現在，わが国の教育現場が抱えている児童虐待への対応の問題を解決する一助となることを願って本書の翻訳を行った．

　2005年1月

桑原洋子

◆ 目　次 ◆

□第Ⅰ章□ 児童の保護と教師の役割　1

1　はじめに ……1
2　児童虐待の認識 ……4
3　児童虐待の定義と徴候 ……6
　　身体的虐待(9)／心理的虐待(12)／性的虐待(16)／ネグレクト(21)
4　児童虐待の発覚（Disclosure）……25
5　児童虐待の確認に関わる議論と問題 ……27
　　虐待の徴候がある場合に，虐待以外に考えられる他の原因があるか否か(27)／虐待の疑いがもたれる原因を確認すること(28)／児童虐待の認識に影響を及ぼす要因(30)／各児童が受けた虐待を認識すること(31)
6　実践のためのチェックリスト ……32

□第Ⅱ章□ 児童虐待の疑いがあるケースへの対応　35

1　はじめに ……35
2　児童虐待の疑いがあるケースの通告 ……36
　　児童保護連絡担当教師(37)／児童保護通告を行うこと(38)／虐待を通告しない理由(42)／守秘義務(44)／親との協働(45)／傷害を受けた児童(46)／児童保護調査(47)／児童保護通告に続いてとられる措置(49)

3　1989年児童法第47条の調査と教師の役割……52
　　4　児童保護ケース会議……53
　　　　誰が児童保護ケース会議に出席するのか(54)／ケース会議は何をするのか(54)／児童保護登録(55)／児童保護ケース会議の勧告(56)／コアーグループ（Core Group）(57)／児童保護ケース会議での教師の役割(57)
　　5　児童保護計画……58
　　　　児童保護ケース再検討会議(60)
　　6　実践のためのチェックリスト……61

□第Ⅲ章□　児童保護の法律的・手続的問題　　64

　　1　はじめに……64
　　2　1989年児童法……66
　　　　1989年児童法の重要な原則(66)／児童法第47条(67)／「重大な被害」(68)／1989年児童法により裁判所の言い渡す命令(70)／緊急保護命令(71)／児童評価命令(72)／監督保護命令(74)／個別教育計画(76)／指導監督命令(78)／施設入所中の児童(79)／児童法第17条「要援助児童」(80)
　　3　児童保護に向けての協働……81
　　4　地域児童保護委員会……82
　　5　要援助児童と家族に対する評価の枠組み……83
　　6　実践のためのチェックリスト……85

□第Ⅳ章□ 児童保護にむけての協働：
        多機関によるアプローチ _____ 87

　　1　はじめに……87
　　2　児童保護に関与する専門家の役割……89
　　　　ソーシャルワーカー(89)／警察(92)／保健サービス(94)／乳
　　　　幼児保育関係者(95)／ボランタリーな慈善活動組織(97)／教
　　　　師(99)／理事(102)／地方教育当局(102)
　　3　「児童保護にむけての協働」……103
　　4　協働における教師の役割……105
　　5　実践のためのチェックリスト……109

□第Ⅴ章□ 虐待の可能性がある児童に関わる教師
        の職務 _____ 111

　　1　はじめに……111
　　2　児童虐待の影響……113
　　3　児童虐待にともなう問題への取り組み……116
　　4　被虐待児童を支援する教師の役割……118
　　　　被虐児童自身の感情のコントロールを援助すること(119)／
　　　　対応がむずかしい行動(121)／難しい行動に対処すること
　　　　(122)／自尊心の低さと劣等感について援助すること(123)／
　　　　友情について児童を援助すること(126)
　　5　児童の学習を援助すること……128

児童を支援する他の専門家と協働すること(130)
　6　児童保護にむけての全校的アプローチ……132
　　　学校が安全な環境であることを保障すること(132)／児童の安全を推進するカリキュラムを使用すること(135)
　7　関係機関への教師が行った児童虐待の通告……136
　8　実践のためのチェックリスト……140

第Ⅵ章　むすび　142

参考文献(144)

訳者補論―イギリスにおける児童虐待対策の進展(146)
　1．1989年児童法の制定と1999年に至る児童保護対策の展開(146)／2．2000年以降の児童保護策の展開(151)

著者紹介(166)

訳者あとがき(168)

おわりに(175)

第Ⅰ章 児童の保護と教師の役割

❖ 1 はじめに

　教師，および学校関係職員は，他の専門職と比べた場合，広範囲の児童とひんぱんに接触している。したがって，教職員は児童虐待の問題が発生した時，それを認識し，また対応するのに最も適した立場にいる。だが，近年の研究が示しているように，多くの教師は，虐待の可能性があると考えられる状況に効果的に対応するスキルも，知識も全く持ち合わせていないと思っている。児童保護を行う過程において，学校の果すべき役割が高まったにもかかわらず，多くの教師は最低限の研修しか受けていないか，全く研修を受けてこなかった。また，児童保護に関係する他の専門家との合同研修を受ける機会がある教師もほとんどいない。

　教師は，児童保護過程を支援する法律的・手続的な枠組みの中で，自分たちに対する期待に困惑し，不安を持っていることが多いと報告している。ある研究が示すように，教師は虐待の徴候があると思われることを認識することに自信をもっておらず，また児童保護に携わる他の専門家と

の関係では，しばしば相互の理解を欠き，その専門性に対する敬意を欠くことさえあるという特徴がある。

　児童保護の新しいガイドラインや手続は，教育の持続的発展にともなって，既に過重な負担をかかえている教師にとって，さらなる負担になると見られる。だが，ここ数年，地方当局のソーシャルサービス部でない諸機関，特に保健や教育関係機関にまで児童保護の責任を拡大し，また多様な機関が協力して児童保護サービスを行おうとする動きが支持を得てきた。この動きはヴィクトリア・クリンビー (Victoria Climbié) 調査報告書[1]にも受け継がれている。この報告書は，「学校や教育当局による児童保護の支援方法を変える」と思われる多数の勧告を行っている。例えば，次の通りである。

　教員養成機構 (Teacher Training Agency) は，教師が，警察，ソーシャルワーカー，他の公的サービス関係職員と効果的に協働し，情報を共有するような研修を受けることを保障すべきである[文献10]。

　教師が，児童虐待の取り扱いや児童保護過程について認識を深め，また自信を高めることが，おそらく現在ほど重要視された時代はこれまでになかった。しかし，児童保護

について学校の役割をかなり強調したにもかかわらず，クリンビー調査報告書はなお批判された。それは，機関間の協力を推進する際に，これまでよりも，学校がいっそう中心的な役割を果たし得るという認識がないという批判であった。例えば，最近創設されたノーフォークにおける「包括的」サービスを提供する学校 (full-service school)(2) は，健康，教育，ソーシャルサービスといった，家族中心の支援サービスを提供しており，本当の意味で機関が「協働する」ために，いくつかの既存の有害な障害を取り除こうとしている。

　学校が児童保護において重要な役割を持ち，それを展開させていることは明らかである。しかし，この分野において教師が受けている研修や専門的知識の水準は，必ずしもこれを裏打ちするものではない。本書は，教師に対して，児童保護過程におけるその役割について，理解しやすく，また読みやすい基礎知識を提供しようとするものである。これは全体を読んでもよいし，また児童保護問題が生じた時に「手引書」として使用してもよい。これは，児童に直接責任を持つ，校長，教師，補助教師，その他の学校職員の他，児童保護連絡担当教師 (Child Protection Liaison Teachers)，いわゆる学部段階にあたる教員養成課程に関わ

る職員，学生などのために刊行したものである。本書は小項目に分けており，各項目は児童保護過程における知識やスキルの重要な分野を述べ，また教師の役割や責任を概説するものである。

　彼・彼女という言い方，また他のこうした組み合わせを使うのを避けるために，性別に関わる呼称は，本書では任意に使用する。「親」という言葉は，児童に対して親責任を有している者をさす。「教師」という言葉は，学校内で児童に対して直接に責任を持つ，教師，補助教師，教生 (student teacher)，さらに他の関係者をさす。

　重要な児童保護関係文書を含む，手引書や追加文献リストは，本書の巻末に示す。

❖ 2 児童虐待の認識

　児童保護に関わる教師の重要な役割の一つは，自分の受け持っている児童が虐待を受けている可能性のある場合，その証拠を認識し，またそれに対応することである。だが，多くの教師の立場からは，「虐待が実際に生じたかどうか，どうやってそれを知るのか」という問題が提起される。虐待を認識するには，各児童の虐待と考えられる徴候を確認

するのに必要となるスキルや知識を向上することが必要である。虐待の可能性がある状況への対応は，次の章で述べる。

　多くの児童虐待事件が公文書としてまとめられている。それは，虐待で児童が死亡する重要な原因として，専門家が虐待の徴候を認識できなかったことを挙げている。ヴィクトリア・クリンビー調査報告書は，ヴィクトリアの死はある面で，児童保護に関係する多数の機関の専門家が，彼女の身体についていた多くの傷が虐待によることを認識できなかったためであると結論づけた。同報告書は，様々な専門家が，虐待が生じていることを認識でき，ヴィクトリアの命を救い得た重要な機会を12点にわたって列挙している。虐待の可能性を認識し，それに対応する能力は，児童保護と関わる仕事において重要なスキルであり，また学校で児童と直接に関わって仕事をしている専門家の担う児童保護責任の主たるものである。

　教師は，3歳以上の年齢の児童につき，重要な役割を引受けている。そして，この年頃の集団と関わって働く他のどの専門家よりも，児童の行動や状態をチェックする機会がかなり多い。だが調査が示すように，多くの教師は，虐待の徴候を確実に認識する自分の能力に自信を持っていな

い。また，児童虐待について教師の研修や啓発の機会がないことから，多くの教師は，児童虐待とは何か，またどのようにしてそれを確認できるかについて，明確には理解していない。バジンスキー（Baginsky, M.）は，自分自身が行った学校の調査において，回答者の88パーセントが，全ての教師が虐待の徴候を認識し，それに対応できるという自信をもっていると思ってはいないことを確認した[文献1]。こうした状況にあるものの，児童と関わって活動する他のいずれの機関よりも，学校からさらに多くの児童虐待の通告がなされている。この重要な役割に付随する責任を果たす場合，各教師は，極めて強いストレスを感じることがある。またこのことは，虐待が疑われる場合にどう対応するかについて不安を生じる可能性がある。本章は，虐待が生じた可能性があると教師に確信を抱かせるような重要な要因に焦点をあてる。

❖ 3 児童虐待の定義と徴候

　児童虐待については多くの，また多様な定義がある。そして，児童にとって何が虐待となるかについて社会的な理解が深まり，一層複雑になるにつれて，その定義は時とと

もに変化してきた。現在使用されている定義は,『児童保護にむけての協働』という保健省・内務省・教育雇用省が共同で発行した公文書のガイドラインの中で述べられている定義である（以下，この文書は，政府ガイドラインと略す〈文献5〉)。この重要な政府文書は，あらゆる教育場面にいる職員を含む，全ての専門家が児童虐待を確認し，それに対応する際の手続的ガイドラインを含んでいる。保健省のウェブサイト，http;//www.doh.gov.uk，で上記のことを確認することができる。

　虐待を定義することは有益である。なぜならば，虐待を定義することが，歴史上一定の発展段階にあるといえる現代社会の中で，受け入れられないと思われるような児童に対する行動を，確認するに際して第一歩となりうるからである。虐待の定義は，特定の社会の中で文化的規範によってなされるので，変化する可能性がある。したがって，定義は流動的で，時とともに変化するであろう。20年前，30年前，あるいは50年前には常識であった児童に対する罰や行為の形態についても，21世紀では全く受け入れられないと倣なされることがあるのは当然ある。たとえば，罰として叩くことは，過去30年以上にわたって，施設内においては減少してきた。そして，家庭の中で殴打することを法律

的に禁止しようとする近年の動向は、児童虐待の分野で進みつつある変化を示すものである。

　児童虐待は、現在4つのカテゴリーで定義されている。それは、身体的、性的、心理的虐待、およびネグレクトである。これらのカテゴリーは、分析のために有用であるが、多くの一般的な徴候についてみた場合、明らかに重複する。多くの児童は、複数の形態の虐待によって被害を受けている。例えば、身体的、または性的虐待の被害を受けている児童は、これに加えて、自分は虐待を行っている者から大切にされていないと受けとめるので、当然心理的被害を経験する。

　保健省の統計は、各カテゴリーで登録された児童の数とその比率の変化のパターンを示している。これらの数字は、児童保護ケース会議の後、児童保護登録に名前が登載された児童に関わるものである。それは、「実情」を示す数ではなく、虐待について、顕在化し、調査された事件のみを表していることに留意することが重要である。現実には気づかれぬまま見過ごされてきた、さらに多くの虐待を受けた児童がいる可能性がある。

　2001年3月末に、イングランドにおいて：

児童虐待防止と学校の役割

児童保護登録簿に名前が登載された26800人の虐待を受けた児童がいた。このうち70パーセントは10歳以下であった。その46パーセントは，ネグレクトのカテゴリーに入る。30パーセントは身体的傷害，16パーセントは性的虐待，17パーセントは心理的虐待であった。登録された児童の52パーセントは男子，48パーセントは女子であった(文献7)。

これらの数字は，3歳から10歳の幼い児童に関わりのある虐待件数であり，虐待を確認し，対応するにあたって，特に初等学校の役割を強調するものである。

◇ 身体的虐待

おそらく児童の身体的虐待は，もっとも一般的に理解されるタイプの虐待である。児童の虐待は，ほぼ人類の歴史のはじまりとともに記録が残っている。しかし，家庭での児童の身体的虐待の本質と程度について我われが認識するのは，最近のことであり，それは1960年代のヘンリー・ケンプ（Kempe, H.）とその同僚たちによる研究を契機としている。ケンプとその同僚たちははじめて「乳幼児殴打」症候群（'the battered baby' syndrome）と呼べることを確認し，

児童虐待の広範囲に及ぶ特質について公表した[3]。そして，その問題について社会的認識がかなり深ったのである。

身体的虐待について現在の政府ガイドラインの定義は，以下の通りである。

身体的虐待は，なぐること，ゆすぶること，投げつけること，毒物を与えること，火や熱湯などでやけどをさせること，おぼれさせること，窒息させること，または，児童に身体的危害をもたらすような，他の様々なことを含むものである。身体的虐待はまた，親や養育者が保護している児童に，病気の症状を装わせ，または故意に病気にさせようとする時に生じる場合がある。この状態は，一般には，代理による詐病 (factitious illness)，または代理によるミュンヒハウゼン症候群 (Munchhatisen syndrome) という用語を使って表されている。

身体的虐待を認識するためには，通常児童に加えられる傷の形態について知識があることが必要である。ただ，教師は，一つであってもひどい傷を認めた場合は，虐待の可能性があることに注意すべきである。傷は偶然についたとは思えない場合がある。たとえば，器具，拳骨，指先の形を示すような傷跡がある場合である。目や頬の打撲傷のような顔に対する傷，お尻や腿のような柔らかい場所についた傷を含むこともありうる。重要な徴候は，傷の状況とそ

の傷の説明に食い違いがある場合，または親の説明と児童の説明に多数の矛盾点がある場合である。傷の大きさと酷さが，時間とともに深刻になっていくことがあるかもしれない。児童は傷を隠そうとし，それについて聞かれることを避けようとするかもしれない。親は明らかにその必要がある時でも，児童を治療のため医療機関に連れて行かない場合がある。さらにまた，理由なしに学校を欠席するというパターンがあるかもしれない。

　例えば，7歳の女の子が顔に傷をつけて何回か登校して来た。その子がその傷の原因について矛盾する内容の話をしたとき，担任教師は，虐待を疑うようになった。教師が親による虐待を懸念したとき，その子は一週間学校に来なかった。出席簿を調べると，長い間その子が体育の授業がある日に学校を欠席していたことが明らかになった。後になって，これは，その子の体や足に発見された傷やタバコの火をあてたやけどを隠すためであったことが明らかになった。

　ヴィクトリア・クリンビー事件やローレン・ライト事件(Lauren Wright)のような最近の事件によって[4]，児童に身体的虐待を加えている一部の親は，言い逃れが巧妙であることが明らかになった。両事件のいずれにおいても，傷は

虐待によるものと確認されなかった。その理由は，親がそうした傷が偶然に生じたものであると主張し，このことが信じられたためであった。虐待はどの家庭でも生じることを知っておくこと，またどの子のどのような傷でも，その考えられる理由として虐待を除外しないことが重要である。

身体的虐待の徴候として以下のことがあると思われる。

○ 説明のつかない傷，または説明が食い違う傷
○ 偶然生じたとは思えないような繰り返し受けたと思われる傷の形
　　—例えば，治り具合が異なった時期にある傷跡
○ はっきりした特徴がある熱湯ややけどの傷
○ 噛んだ跡
○ 顔や黒目についた傷，おしりや胴体への傷
○ 指先の傷跡，手の痕跡，つかんだ跡，器具の跡
○ 治療を受けていない内臓の傷害，または骨折
○ 児童が傷を隠し，または話したがらない場合
○ 学校での引きこもり，または攻撃的行動，自信の喪失，社会性の問題，または成績不振の場合

◇ 心理的虐待

心理的ネグレクトは，愛情，安心，積極的配慮，暖かさ，

賞賛，家族やもっと広い社会への「帰属意識」について，親が児童が必要としていることを満たすことができないことによって生じるものである。また，心理的ネグレクトは，児童の基本的ニーズに応じることができないこと，すなわち，児童を「心理的にサポート出来ない」親に関わる可能性があることである。そうした親は，言い換えれば，自分たちが児童のニーズに気付かないために，児童のこうしたニーズに応えないのである。心理的にネグレクトされた児童は，家族の中で確かな愛情を実感していない可能性がある。その結果，自尊心の乏しさ，発達の遅れ，社会性の未熟さなどの悪影響に苦しむこともあり得る。心理的ネグレクトは，他の種類のネグレクト，すなわち日常的に児童の基本的な，身体的ニーズを満たせないこと，児童が安全で安心できることを適切な監護によって保障できないこと，といった部類のネグレクトから生じる場合がある。

　心理的虐待は，児童の情緒面，心理面の健康に深刻な悪影響を与える。心理的虐待にはつぎのことを含むであろう。すなわち，その子を対象として，嘲笑したり，罵ったり，その子をはずかしめ，その子が親から必要とされておらず，また愛されてもいないように取り扱うこと，食べ物のためや慰みのためにその子に強制的に仕事をやらすこと，また

はその子を部屋にたった一人で閉じ込めることなどを含むことなどがある。例えば，ある事件では，5歳の男の子は床で寝るように強制された。そして毎日，親から必要とされておらず，愛していないと言われ続けた。その子が間違った振舞をすれば食べ物は与えられなかった。そして母親がその子に触れ，抱き上げたりすることは決してなかった。2人の姉妹はいとしい，大切な子として扱われた。男の子はとても悩むようになり，学校で大小便を漏らした。家で壁紙を引き裂き，それに火をつけた。

　政府ガイドラインは，以下のように心理的虐待を定義している。

　心理的虐待は，児童の情緒的発達に深刻で長く続く悪影響を与えるほどに，児童を絶え間なく心理的にひどく扱うことである。児童に対して，お前は価値がなく，誰からも愛されていないとか，欠点だらけだとか，あるいは，誰か他の人の期待にかなったときにだけ値打ちがあるなどと言うことを含む場合がある。また年齢や発達段階に不適切な期待を児童に押し付けるという特徴もある。児童に頻繁に恐怖感や危機感を抱かせたり，児童を搾取したり，反社会的な行動をさせたりすることなどもこれに当たる。何らかの心理的虐待は，単独で起こることもあるが，あらゆるタイプの虐待に付随するものである。

心理的虐待やネグレクトを認識するためには，児童の行動を観察し，チェックすることを必要とする。心理的にネグレクトされ，また虐待されている児童は，一般に自尊心が極めて低い。こうした児童は学校で自分の課題に取り組む場合，自信を欠いていることがあり，また強制されると感情的に反応する場合がある。その児童は，教師と不適切と思えるほどの親密な関係を求めるかもしれない。または，好ましくない行動によって自分に注意を引こうとするかもしれない。その一方で，仲間に加わることができず，また社会的に孤立して引きこもり，悲しい思いをするかもしれない。心理的虐待を受けた児童は，自分の髪をひっぱったり自分を傷つけたりするなど，ときどき神経症的な行動を示すかもしれない。彼等は突然怒ったり，嘆いたりし，または完全に引きこもりになるかもしれない。他方，そうした児童は度の過ぎた不平をいい，むずかしくてとても満足させられないようなことを試そうとする場合がある。心理的虐待やネグレクトは単独で生じるか，またはより複合的な虐待状況の局面で生じる可能性がある。たとえば，性的虐待と心理的虐待の関係は，十分証明されている。
　心理的虐待やネグレクトの徴候として，以下のことを含

むと思われる。

- 慢性的な自尊心の欠如，劣等感
- 未熟な情緒的反応，退行，および神経症的行動
- 親以外の成人に対する度の過ぎた要求行動，注意を引くための不適切な行動
- 孤立する行動，友人を作り，または友情を維持することができない
- 新しい課題を恐れ，または経験したり，仲間に加わったりすることを望まない
- 発達上の，また学習上の遅滞
- 怒りや嘆きの暴発
- 親との関係が悪く，否定的である
- 過度の不平を言う行動，満足を得るための過度の要求

◇ 性的虐待

　児童に対する性的虐待の範囲と性質は，1980年代まではほとんど理解されていなかった。この頃になって，関連領域の専門家の研究によって児童の性的虐待が，以前に信じられていたよりもさらに一般的で，また広範囲に及ぶことが明らかになった。それ以前には家庭内での児童に対する性的虐待は秘密で，タブー視され，多くの事件が明るみに

出ることはなかった。さらに悪いことには，他の多くの事件は，関係する専門家によって採りあげられず，対応がなされていなかった。性的に虐待された多くの児童は，自分が苦しむトラウマから救われるためにも，必要な支援を全く受けてこなかった。そして，自分達の秘密を分かり合える人もないまま成人になっていった。

　家庭内の性的虐待について，大多数の児童は男子でも女子でも，見知らぬ他人からの虐待というより，近い関係の男性親族からの虐待が一般的であることは，現在広く知られている。児童の性的虐待については過去20年以上議論された結果，性的虐待をめぐるタブーは消え去った。そして，専門家のみならず一般の人々の間でも認識が高まった。しかし，児童の性的虐待は，しばしば，その子と虐待者しか知らない秘密の行為であることに変わりはない。そして加害者の訴追に成功する割合も低い状態が続いている。また多くの性的虐待事件は，疑いはあるものの，証明されてはいない。1990年代に周知の事実となった多数の事件は，施設という環境のなかで，すなわち，特にすでに虐待を受けた児童が安全で，安心できる環境を提供するはずの状況中で，依然として性的虐待の危険があることを明らかにした。

　児童の性的虐待は，ポルノを用いて児童を性的に刺激す

ること，児童の売春，成人集団による虐待，他人への配布を目的としたポルノ作成など，多様な形態をとる可能性がある。性的虐待は，強制，暴力的な攻撃，威嚇，脅迫などを伴う場合があるが，また明らかに愛情ある関係の中で生じる可能性もある。そうした関係の中で，児童はしらずしらずのうちに性的行動へと導かれ，性交へと進んでいく。これはしばしば，「調教」(grooming) と表現されている。

最近の展開の中で，特に家庭内で，児童が児童を虐待する場合があるという認識が深まっている。『イギリスにおける児童の虐待』という全国児童虐待防止協会（National Society for the Prevention of Cruelty of Children —— 通称，NSPCC）の調査報告書は，兄弟姉妹間の虐待の発生が以前に認識されていたよりも，さらに多数にのぼることを確認した[5]。通常虐待を受ける児童は，妹または義理の妹であり，虐待者は，兄，または義理の兄であった。そして，近親者によって加えられる性的虐待の3分の1以上が兄弟によることを明らかにした。また，虐待を行う10歳以下の児童は，一般にその子自身が性的虐待を受けてきたことが認められた。またその一方で，思春期に達して，性的な虐待を行う少年は，その子自身，ひんぱんに身体的虐待を受けていたことが明らかになった。例えば，ある事件の場合，

5歳よりおじから身体的，また性的虐待を受けてきた13歳の男の子は，自分の弟妹を虐待することに関わるようになり，後に入所施設の部屋で他の児童に性的に攻撃を加えた。政府ガイドラインは，児童の性的虐待を以下のように定義している。

　性的虐待は，児童がその行為の意味を承知しているか否かに関わらず，児童や若年者に性的行為に加わることを強制したり，またはそそのかしたりすることを含む。こうした行為には，性器挿入（レイプや肛門性交など），あるいは挿入をともなわない行為など，身体的接触をともなう場合がある。こうした行為は，児童にポルノグラフィーを見せたり，児童をポルノの題材にしたり，性行為を見せたり，性的に不適切な行為をするようそそのかしたりすることを含め，身体的接触をともなわない行為が含まれる可能性がある。

　児童の性的虐待を確認しようとしても，その子が虐待について成人に「打ちあける」ことなしには，これは困難である。児童は，暴力を受ける恐れがあったり，または虐待をしていない家族の者と離ればなれになってしまう恐れがあるならば，性的虐待について他人に打ちあけづらくなるであろう。こうしたことは起こる可能性があるし，実際起っている。

性的に虐待を受けている多くの児童は、すでに述べたような心理的虐待の種々の徴候を示すであろう。児童は自分を価値のない者、愛されていない者であると考えてしまい、成人の性的な欲求をどの位満足させられるかによって自分の価値を判断するようになる。性的虐待に付随して起こる心理面への悪影響は、かなり長く続き、児童に対していかなる身体的影響よりも、さらに深刻な意味を持つ可能性がある。性的虐待のタイプや深刻さの程度にもよるので、必ずしも全ての児童が身体的徴候を示すわけではない。しかし何人かの児童は、肝炎、HIV、淋病、梅毒などの病気に感染し、また、生殖器官の損傷や妊娠してしまうなどの非常に深刻な身体的影響を受ける場合がありうる。

　児童の性的虐待に共通する徴候は、こうした児童自身の不適切な性的知識や行動である。これは、普通の児童が性的発達の異なる各段階で持つ、正常な好奇心や体験をはるかに越えるものである。それは、他の児童との会話や遊び、美術の学習などにたえず性的な話題を持ち込むこと、性的な暴行または他の児童を性的に強迫するような遊び、成人との性的行為などを含んでいる。例えば、ある学校では、多くの児童による性的虐待が一挙に発生したと思えたと報告した。しかし、調査してみると、1つの家族のたった2名

の児童が性的に虐待を受けていたに過ぎないということが明らかになった。こうした児童は，他の児童に，異常なまでに性的な遊びの話題を出し，会話をしていた。学校で教師が気付いたのはこのことであった。

　性的虐待の徴候としては，以下のことがあると思われる。

- ○ 生殖器部分，お尻，またはもものあたりの打撲，および（または）嚙んだ傷跡
- ○ 生殖器からの異常な出血，または漏出
- ○ 成人や（または）他の児童に対する不穏当な性的行動
- ○ 児童の年齢に不相応な性的知識
- ○ 自傷
- ○ 摂食および睡眠障害
- ○ 鬱，自尊心の低さ，自殺的行動
- ○ 学校での成績不振

◇ ネグレクト

　ネグレクトされている児童を認識することは，特に難しいように思える。意図的なネグレクトと貧しい家庭環境から生ずるネグレクトとの違いを，我われはどのように区別すればよいのであろうか。ネグレクトは，家庭内の経済的生活水準という点では，あまり重要な問題ではないと認め

ることが肝要である。もっと大事なのは，児童のニーズに応じるために割当てられる様々な資源の比率についてである。ここで言う資源とは，お金，もの，時間，エネルギー，空間などを含んでいる。児童が必要とする資源は，身体的なものや心理的なもの，社会的なもの，また発達に関わるものである。ネグレクトは，家庭内で児童のニーズに対する優先順位が低く，満足できる程度にまでニーズに応じようとはしていないか，または全くしていない場合に生じる。児童にネグレクトを生じる可能性があるのは，適切な栄養を与えられないこと，遊び・大人の時間や関心・激励や会話などの児童の発達に関係する働きかけがあまりなされていないこと，親とのやり取りが欠けており，また親の暖かさが欠けていること，十分な水準の衛生・監護・医療上の配慮によって児童の安全が保障されていないこと，などによってである。このことは，歯科医の予約を忘れたり，児童と読書しないでフットボールを観戦するような親が，全てネグレクトをしているという意味ではない。ネグレクトは継続して起り，また程度が進むものである。結局，児童の健康や発達への影響がどの程度であるかによって判断される。

　政府ガイドラインは，ネグレクトを次のように定義して

いる。

　ネグレクトは，児童の基本的な身体的・心理的ニーズのいずれか一方，または両方を満たしてやるのを継続的に怠ることであり，しばしば児童の健康や発達に深刻な障害を生じると思われる。親ないし養育者が十分な衣食住を与えていないこと，児童を身体的危害や危険から護るのを怠っていること，適切な医学的処置あるいは治療を受けさせるのを怠ることなどがこれにあたる。児童の基本的な心理的ニーズを無視したり，応えようとしないのもまたこれに入る可能性がある。

　この定義は本章の最初に述べた心理的ネグレクトを含んでいる。
　ネグレクトの確認は，ある程度の期間にわたって継続的にその経過を見るものであると思える。ネグレクトの証拠は，児童の外見や行動，親のその子に対する行動や態度，その子の発達の程度，教育面での発達の評価などから得られる。ネグレクトされた児童は発育に支障を来し，その子の身長や体重に悪い影響を与える可能性がある。成長できない原因は必ずしも全てネグレクトのみによって生じるものではないが，これは健康診断によって確認することができる。つまりこの診断によって発育不良の原因が他の器官

の問題であるという可能性を排除できる。しかし，健康診断が全く行われていない場合，発育不良の児童は，当然虐待が疑われて然るべきである。

　ネグレクトを受けた児童は，やせて青白い顔をしており，衛生状態が悪く，空腹を訴え，また疲れやすいと思われる。学校にもよく遅刻し，しばしば理由もなく欠席することがある。衣類は季節にふさわしいものではなく，また，いつも汚れており，悪臭がする場合がある。こうした児童の学校での成績は悪く，学習遅滞状況を生じ，課題に取り組む動機を欠くと思われる。社会的な人間関係は乏しく，社会的に受け入れられない恐れもある。適切な社会的知識がなく，また行動において自己統制を欠き，または混乱がある場合もある。ネグレクトを受けている児童は，しばしば医学的治療を受けていない。そして，適切な監護が欠けているために，不慮の事故に遭遇することが多いと思える。例えば，ある事例では，児童が中耳炎を何度も患ったが，医療専門家の努力にもかかわらず，ずっと治療を受けさせずに放置されていたためにその子は永久に聴力を失うという結果になった。

　そういった親は，児童やその子のニーズに対して関心を示さず，またそれに応じようとしないと思われる。こうし

た親は，学校との接触を避け，または児童の発育について話し合いをしようとしてもこれに応じないかもしれない。その子は，いつも違った大人に呼び集められ，学校に連れて行かれることがある。

　ネグレクトの徴候には以下のことがあると思われる。

- ○ 成長や発育が緩慢であること，器官の上で問題がないのに成長することができないこと
- ○ 学校での成績不振，学習遅滞
- ○ 衛生状態が悪く，不適切な衣類を着用していること
- ○ 医学的治療を受けていない状態
- ○ 自尊心の低さ
- ○ 慢性的な怠惰・飢餓，教室での熟睡，貪欲とも思える摂食
- ○ 紫斑状を示す皮膚，傷，手入れがなされていない頭髪
- ○ 学校への遅刻，頻繁な欠席
- ○ 幼稚な対人関係，だれかれとなく成人から関心をもってもらおうとすること
- ○ 深刻な事故

❖ 4 児童虐待の発覚（Disclosure）

　児童虐待は，様々な徴候が確認されたからといって必ずしも明るみに出るものではないと思われる。学校の中で，

または他の「安全な」環境において，時々児童は自分が信頼する成人に虐待を打ち明けることがある。児童は，教師に対して，自分が虐待を受けていることをそっと話すかもしれない。または活動や遊びの間に，そのことを仄めかすかもしれない。児童が虐待を打ち明ける場合に備えて考慮しておくべき2つのことは，いかにその子に対応するか，また学校という環境の下でその状況にどう対処するかである。

　児童に対応するには，忍耐と感受性を必要とする。その子が教師を信頼し，その子を助ける能力があると思ったからこそ，当該教師を選んだと気付かなければならない。打ち明けられた虐待に如何に対応したかによって，児童のその後の調査や手続的・法律的な対応方法に重大な影響を及ぼす可能性がある。仮に児童が教師に虐待を打ち明けるとして，打ち明けられた者は次のことをすべきである。あまり邪魔が入らないようなプライベートな場所を探すこと，話の途中で口を挟んだり，質問をすることなく，注意深く話を聞くこと，児童を安心させ慰めること，他人には話しをしないという約束をするのを避けること，できるだけ会話を記録することなどである。

　しかし，もしその子がクラス全体の前で打ち明け始めた

らどうすべきか。もし受け持っている児童が他に33人いるならば，プライベートな場所を探すのは非常に難しいと思える。こうした場合は，学校全体のレベルでしか解決できない。その教師は，打ち明けられた虐待に対して，広く学校全体としていかに対応することになるかを承知しておくことが重要である。ある小学校は，カードのシステムによってこれに対応している。すべての教師は机に赤いカードを持ち，他の児童や教職員がそれを学校事務室に届ける。そうして，それを合図に，だれか他の教職員がそのクラスに来るように召集され，担任の教師が私的に打ち明け話を聞き続けている間，その者がクラスの授業を引き継ぐ。

❖ 5 児童虐待の確認に関わる議論と問題

◇ 虐待の徴候がある場合に，虐待以外に考えられる他の原因があるか否か

　児童虐待を確認する能力は，虐待の徴候についてのチェックリストを児童の行動や外見に照らし合わせるという能力をはるかに越えるものである。児童の行動に見られる多くの徴候には，虐待ではない他の原因がある場合がある。これらの多くは以下のことと関連するかもしれない。すな

わち両親の離婚または別離，家庭内での虐待，死別，兄弟姉妹の誕生があったり，義理の家族の一員になるか，または新しい義理の親ができたり，転居や近隣環境の変化，兄弟姉妹または両親の長期間または急性の身体的・精神的な病気があったりすることである。

　虐待によってしか説明できないと結論する前に，児童の行動に影響を与えている他の要因について知っておくことが重要である。しかしながら，児童の家庭環境で生じている変化は，その子がますます虐待を受けやすくなっている可能性があることを示している。例えば，虐待が日常的である家庭にいる児童は，必ずしも虐待を受けているとみられないことがよくあった。しかし，現在，暴力的な家庭で養育されている児童がこうむる心理的な悪影響，またこうした児童がその先の人生で経験する可能性がある挫折について，さらに多くのことが知られている。

◇ 虐待の疑いがもたれる原因を確認すること

　虐待を確認するためには，多くの場合，ある程度の期間を要するが，その子の周囲で起こった出来事ならびに，これと関連する虐待の徴候を認識することが必要である。た

った一つの徴候だけでは，一般に虐待の疑惑を確信するには十分ではないように思える。しかし，稀には，単純な傷，または性的攻撃の徴候が重要である場合もある。児童の外見や行動の変化は，特に家族の構成や環境の変化が関係している場合はしばしば重要となってくる。

　重要な点は以下の通りである。

○ 継続的に児童の問題，または虐待の疑いがあることについての記録をとること
○ 親と虐待の疑いについて話し合い，親の反応をチェックすること
○ 児童の外見や行動をチェックすること
○ 上記の見たような虐待の可能性が考えられる徴候について，別の原因で説明できないかを確認すること
○ できる限り一定期間にわたって，一定範囲の身体上の，また行動上の徴候を確認すること
○ 秘密裏に同僚が持っている認識や虐待の疑念をチェックすること
○ 秘密裏に，より経験ある同僚からのアドヴァイスや支援を求めること
○ いずれの家庭から通ってくるどの児童も，虐待を受けている可能性があることを認識すること
○ 虐待を行っている一定の者は，社会的に熟達し，口先がうまく，

巧妙なうそつきであることを承知しておくこと
- どの子も特有な環境で育っている一人の個人であることを心得ておくこと

◇ 児童虐待の認識に影響を及ぼす要因

　児童虐待を認識し，これに対応する教師の能力に影響を及ぼす主な原因は，自分が受持っている児童についての知識や理解にかかっており，またその児童の外見や行動を効果的に観察し，また解釈する能力にかかっている。しかしながら，教師が受持っている児童の問題を観察したり把握したり，技能を伸ばし，またそれを磨くには多くの障害となる要因がある。

- 過大規模の学級において，児童に関わっている時間がないこと
- 授業時間の間，教える教科カリキュラムに注意を集中すること
- 学校で教えていない時間であっても，事務処理に時間を費やさねばならないこと
- 児童保護の問題について，全ての職員のための研修の機会がないこと
- 教師自身に対して通告が行なわれることへの懸念
- 児童保護が他者の責任であるという思いこみ
- 虐待問題に関わりを持つこと，対応を誤ること，事態を悪化さ

せることなどについての懸念
○ 不当な扱いをうけた両親からの報復の懸念

　これらの要因が，まさに実際には効果的な児童保護の妨げとなり得ること，また虐待の徴候が見過ごされたり，または気付かれない状況を作り出す可能性があることを承知しておくことが重要である。しかしながら，1989年児童法は，虐待を受けた児童の保護を確実にするために，児童と関わって働く全ての専門家に責任を課した。そして，教師は，児童や，学校からこの分野において何が求められているかをしっかりと理解する責任がある。

◇ 各児童が受けた虐待を認識すること

　一般には，「虐待を受けている児童」のイメージとして，おそらく，やせて，孤独で，放浪者のような人物像が持たれているかもしれない。しかし実際上こうした児童は，クラスの中で攻撃的ないじめっ子であるかもしれないし，または教室で決して物議を醸さないような物静かな児童であるかもしれない。虐待を受ける可能性がある児童のタイプを区別することはできない。同様に，虐待を行う親につい

ても，必ずしもはっきりとしたタイプがあるわけではない。

　虐待を認識するためには，各児童によって異なる家庭生活についての認識や憶測に基づくよりも，むしろ児童の状態や行動についての観察や熟慮に基づくものでなければならない。必ずしも全てではないにしても，何人かの児童は，能力が劣ること，または学習困難，コミュニケーションまたは言語上の遅滞，家庭内でのアルコールまたは薬物の乱用，家庭内暴力，親の精神障害，家族の社会的孤立，などの理由で虐待を受けやすい場合がある。

　しかしながら，これらのカテゴリーに入る全ての児童が潜在的に虐待を受け，またはこれらのカテゴリー以外の児童が虐待を受けていないと考えることは危険な思い込みであろう。

❖ 6 実践のためのチェックリスト

- ○ 学校での児童保護手続，地方教育当局の児童保護手続，地域児童保護委員会の児童保護手続などにつき，各自の学校での有用性についてチェックしなさい。そして，児童保護に関わる教師各自の役割について，それらに書いてあることについて熟知しなさい。
- ○ 教師各自が所属するの学校の中で，児童保護連絡担当教師は誰

であるのか知っているかを確認しなさい。
○ 他の専門職との合同研修の事業を含め，地方教育当局の中での児童保護に関する研修，または学校内での教職員のための研修についてたずねてみなさい。
○ もし児童がクラスの中で虐待について告白を始めたら，どのような手続をとるべきかについてチェックしなさい。

【訳注】
（1） ヴィクトリア・クリンビー事件については，補論を参照。
（2） 「包括的サービス提供学校」は，10年以上も前にニューヨークで，児童援助協会（the Children's Aid Society）という団体によって考えられ，始められた学校である。この団体は，地域社会と密接不離な関係を持った学校こそが，児童に十分な援助を提供できるという理念に立っており，医者，ソーシャルワーカー，カウンセラー，歯科医，栄養士，家族支援担当者，コンピューターの利用，学習支援，成人のコースなどを含めて学校を拡充し，これを週末や休日も含めて，一日16時間開くというものである。こうした学校については，2001年のイギリス教育技能省（Department for Education and Skills）刊行の白書で，その推進と開発が提起され，2002年の教育法によって，学校理事会がこうしたサービスを提供できるようになった。2004年8月現在，25の地方教育当局でその導入が検討されているが，ノーフォークではすでに4校のモデル校がある。
（3） ヘンリー・ケンプ（C. Henry Kempe）は，1961年に，ブラント・スティール（Dr.Brandt F.Steel）および他の同僚とともに，アメリカ小児医学会の年次総会で，この「乳幼児殴打症候群」について発表し，翌年にアメリカ医学会誌にこれを掲載した。1972年に，コロラド大学に全国児童虐待およびネグレクト防止治療センター（National Center for the Prevention and Treatment of Child Abuse & Neglect）が開設された。
（4） ローレン・ライト事件は，2000年5月にノーフォークで起こった事件であり，6歳のローレン・ライトが継母から18ヶ月にわたって，凄惨な身体的，心理的虐待を受け，死亡した事件である。身体には60箇所以上の傷があり，担当医によれば，大きな自動車事故の犠牲者のように内臓がつぶれていたという。
（5） 全国虐待防止協会は，1884年に設立された慈善団体であり，現在，児童

の保護や安全,教育,親の子育てなどについて,全国で24時間体制で情報や助言,カウンセリングを行っている他,一般の人々への啓発,政府や議会への運動,専門家への情報や助言の提供と研修,研究調査などを行なっている(文献8)。

□第II章□　児童虐待の疑いがある
　　　　　　　　　　ケースへの対応

❖ 1 は じ め に

　教師の知っている児童が，虐待を受けている可能性があるとひとたび確信した場合，それ以後，従うべき手続について熟知していることが重要である。児童保護手続は，そうした調査に関わる全ての専門家の対応に方向を示し，また児童や家族が適切に取り扱われることを保障する共通の仕組みを用意している。各地方当局において，地域児童保護委員会（Area Child Protection Committees）は，政府ガイドラインに基づき，児童保護手続を作成する責任を有している。これらの手続は，児童に関わる全ての専門家の役割について述べている。そして，第3章「児童保護の法律的・手続的問題」で述べているように，これは1989年児童法の諸原則を組み込んでいる。教師の所属する学校はまた，その学校独自の児童保護手続を作成すべきである。
　この段階において手続に従うことは，法律的な措置を含め，調査が児童や家族の支援によい結果をもたらすことを

保障し、さらに児童の将来の安全を保障する点できわめて重要である。児童に関わる専門家は、児童保護における自分の役割が任意のものではなく、より一般的な専門職としての役割や責任の一部であることを認識するよう強く求められる。言い換えれば、教師は、こうした場面で行動を起こすべきか否かについて選択の余地はないのである。もし、児童が虐待を受けていると結論を下すことが可能な証拠があるならば、調査を促すための措置をとらなければならない。

❖ 2 虐待の疑いがあるケースの通告

　児童保護手続に関して有用なガイドラインや方針があるにもかかわらず、バジンスキーは、3分の2の学校が、児童保護に関して疑念を持つことについて、いつソーシャルサービス部と接触すべきか確信を持っていないこと、またこのうちの半数の学校がこのことを重大な懸念事項であると報告しているのを確認した。ソーシャルサービス部へ児童保護事件を通告するタイミングやアプローチは、児童が適切な保護を受けられることを保障しているという点で非常に重要である。だが多くの教師は以下のことを危惧して

いる。それは自分の観察したことや虐待の疑念をソーシャルサービス部に通告することが、児童と家族の生活を大きく崩壊させることになるかもしれないこと、また通告することが不必要であると判明する可能性もあることである。本章は、ソーシャルサービス部に虐待が疑われるケースを通告することに関する、微妙な、またしばしば複雑な問題を検討する。

◇ 児童保護連絡担当教師

　全ての教師は、児童保護連絡担当教師として指名される同僚によって、児童保護に関わる自分の役割について支援を受ける。この児童保護連絡担当教師は、一般に、学校における全ての事件に関してチェックを行い、助言し、研修に参加し、また児童保護事件に関して他の機関と協働することなどによって児童保護に関する専門的識見を獲得してきたと思える。バジンスキーは、児童保護連絡担当教師の92パーセントが、基礎研修、他の専門家とのレヴェルの高い合同研修を含め、適切な研修を受けてきたことを確認した。

　児童保護連絡担当教師は、教師が、虐待の疑いについて話しあうべき最初の人物である。それはたとえ当該教師が、

児童保護サービスに通告すべきであると確信する段階に到っていないとしてもそのようにすべきである。この話し合いの後に，次の措置がとられるべきであるということについて，児童保護連絡担当教師と意見が一致した場合，同担当教師は，進め方について更なる助言を求めるか，あるいは児童保護サービスに通告を行うべきかのいずれかの措置をとるために，ソーシャルサービス部と接触すべきである。

しかし，教師が児童保護連絡担当教師にただちに話すことができない場合，またはこの担当教師との話し合いをしても自分自身の疑念が続いており，同担当教師がその問題にさらに取り組むことに同意しない場合，直接ソーシャルサービス部に相談すべきである。

◇ 児童保護通告を行うこと

助言を受けた後に，児童保護連絡担当教師がソーシャルサービス部に通告をなすこと，または，ソーシャルサービス部が，教師が提供した情報に基づいて措置を決定するという可能性がある。

全てのタイプの虐待が，同じ対応を必要とするわけではない。とりうる有効な選択肢としては以下のことがある。

児童虐待防止と学校の役割　39

○ 児童保護通告──もしも身体的，または性的虐待の証拠があるならば，ソーシャルサービス部への通告は即座になされなければならない。
○ 単独の機関での対応──もしネグレクト，または心理的虐待についての疑念があるならば，教師はまた疑念をもつ事柄について状況をチェックし，親と協働することに同意して差し支えない。
○ 多機関による対応──教師は，家族に支援を提供するために，他の機関と協働することに同意して差支えない。

　ソーシャルサービス部への通告は，常に以下の状況においてなされるべきである。

○ 児童が虐待の申立てをなす場合
○ 虐待の疑念を持つ根拠となる身体的な傷がある場合
○ 性的虐待についての疑念がある場合
○ 心理的虐待またはネグレクトの疑念があり，児童が重大な危害をうけている可能性があるとみられる程度にまで状況が悪化した場合
○ 児童が生死に関わる医学的治療を拒否されている場合
○ 一般の市民から信頼するに足る申立てがある場合
○ 児童が，その子を危険な状態におく可能性のある人物と接触している場合
○ 児童保護登録にすでに登載されている児童について，さらなる

第Ⅱ章 児童虐待の疑いがあるケースへの対応

虐待の疑いがある場合

　通告を行うに際しては，いくつかの措置が最初にとられる必要があるが，これは通常，児童保護連絡担当教師が，上司と共同して行う。それらは以下のようなことである。

- 通告がなされる予定であることを親に通知すべきこと，(ただし，このことにより，児童がさらに著しく重大で危険な状態に置かれる場合を除く)
- 児童の名前が児童保護登録に登載されているかどうかを確認するために，その名簿をチェックすべきこと
- その子と直接に関わりを持っている他の職員は，その子の状況や境遇の理解に役立つと思われる当該職員が把握している情報を提供するよう求められるべきこと

　この段階での教師の役割は，自分が提供する情報が，詳細で正確であることを保障することである。通告は，次の方法でなされうる。

- 児童虐待が疑われるケースをソーシャルサービス部に通告するための機関間通告様式を完成させること(その文書は学校でも利用しうるものである)
- 緊急性があると思われる状況では，最初に電話で通告をなすこ

と

　いずれの方法でも，できるだけ早く教師が抱いた虐待の疑いについて記録を採ることが重要である。

　提供される情報は，以下のことを保障するよう注意深く検討されるべきである。すなわち，それは観察に基づき正確で詳細であること，それは事実に基づき，意見やうわさや伝聞ではないこと，情報源が明確に述べられること，使用される言語は情緒的ではなく記述的であること。

　報告書は以下のことを含むべきである。

○ 児童についての基本事項の詳細，例えば，名前，年齢，住所，クラスならびに児童が持っている可能性がある何らかのコミュニケーション障害を含む児童に影響を与える特別のニーズ，または特別な問題点
○ 日付を含め教師の持った虐待の疑念の詳細，またこうした疑念について児童や親と行った話し合いの詳細
○ 教師が虐待の疑念について，他の教師と行なった話し合いの詳細
○ 教師の持つ虐待の疑念の程度，また当該児童がどの程度危険な状態にあると確信しているかということ

教師は，報告書が適切に書かれており，必要な情報が全て含まれていることを確認するため，児童保護連絡担当教師と同報告書について話し合うことができる。

◇ 虐待を通告しない理由

教師を含む多くの専門家にとって，虐待を通告することは，慎重な考慮を必要とし，また意思決定過程において多くの不安を生ずる重大な行動である。もしも教師が間違っており，なんらの虐待も生じていなかったならば何があるのであろうか。家族に何が生じるのであろうか。もしも関与する専門家が児童を家族から分離するならば，何が起こるのであろうか。教師のために児童の状況がさらに悪化したならば，何があるのであろうか。教師が観察した傷やいくつかの徴候が容易に説明できるものであるならば，何があるのであろうか。もし親が学校に来て，教師と対決したならばどうなるのであろうか。

多くの専門家は，虐待を通告することが児童や家族に，非常に悪い結果を生じる可能性があると思っている。またおそらく，当該機関や個々の実践に当る者にも同様な結果が生じると思っている。

虐待を通告しないことについて理由を幾つか検討してみ

たい。

- ○ 児童がさらなる虐待を経験する可能性がある
- ○ 親は根拠のない申立てによって，おそらく児童との分離や刑事訴追などの被害を受けるかもしれない
- ○ 児童が不必要に家族から分離される可能性がある
- ○ 家族が崩壊するかもしれない
- ○ 虐待を通告する者は，児童の親から危険な目にあうかもしれない
- ○ 申立ては，当該組織または機関の評判を落とすことになるかもしれない
- ○ 児童虐待に関する調査は，全ての関係者にストレスを生じるかもしれない
- ○ 全ての関係者に広範な影響があるかもしれない

　本当にこれらの懸念があるにも関わらず，児童を虐待から護るのを保障することは，児童と関わって仕事をしている全ての専門家の責任であることに変りはない。児童の大多数は，保護調査の期間，家族の保護から分離されず，分離される児童の場合も，その大多数は短期間の公的な保護をうけるに過ぎないことを留意しておくことが重要である。他の懸念事項に関していえば，手続は全ての関係者の苦痛を最小限にするために行われ，また親は1989年法の原則に

従って，敬意と細やかな配慮を持って取り扱われ，情報の提供は続けられれることが重要である。

◇ 守秘義務

　虐待を受けている可能性がある児童をソーシャルサービス部へ通告する過程は，児童保護連絡担当教師，またおそらくは校長の他に，明らかに多数の教師を含むであろう。それは，当該児童と密接な接触をもっている他の教職員との話し合いを含むかもしれない。児童虐待の疑いがあるケースにおいて，明確に守秘義務の問題を検討することは重要である。つまり「常識から言えば」，「知る必要」のない人物とその問題を話し合うことを避けるべきである。可能な限り最小限の数の教職員しか，その問題を知るべきではなく，全ての話し合いは秘密裏に行われるべきである。

　学校は，微妙な問題に関する手書きの資料につき，機密の保管システムを整えるべきである。教師は，こうした体制を自ら承知すべきである。全ての文書化された書面は，確実に他の者が近づかないように保管される必要があり，その状況に直接関与することを承認された教師のみが利用できるようにするべきである。最後に，本書で後に論じるが，虐待の疑いのある事件に関わる過程は，教師にとって

非常にストレスがかかり，また意気消沈するかもしれない。こうしたことにもかかわらず，家族や友人とその事件の詳細を話し合ったり，または微妙な情報を伝えるようなことをしないことが重要である。

◇ 親との協働

　1989年児童法と政府ガイドラインはともに，児童保護過程に親を含め，また児童を保護するに当って親と協働する必要があることを強調している。バジンスキーは，92パーセントの学校が，児童保護について疑念が生じた場合，親との関係をどう維持するかについて不安を持っていることを確認した。親は，わが子について，教師の持つ疑念について話し合ったり，それに対応をする過程で，著しい脅迫観念を持つかもしれない。虐待の疑念につき親に接近する場合，教師は自分の学校における手続を知り，また誰がこのことに責任を持っているのかを知っておくことは重要である。親の協力が確かである場合，親は児童保護調査の期間中，敬意と適正な配慮をもって取り扱われる必要がある。

　検討すべき重要な問題点は，以下の通りである。

○ 全ての話し合いはプライベートなものであり，秘密にすることを保障すること
○ 状況に対する非難や感情的対応を避けること
○ 親の言い分を聴くことを保障すること
○ 親が示す怒りや，悩みに冷静に対応すること
○ さらなる措置をとるという脅迫や権威の誇示を避けること
○ 教師が次にしようとしていること，また関係する者が誰かを親に明確に説明すること
○ 英語を常用言語としていない親は，必要ならば通訳によって，コミュニケーションにつき支援をうけられることを保障すること

　親は，児童保護調査によって，激しい怒りを示すか，防衛的になるか，または極端に悲嘆にくれるかのいずれかである。このことにより教師は，自分自身の安全について不安を持つかもしれない（「虐待を通告しない理由」に関する項目で述べたように）。児童保護連絡担当教師や上司と教師が抱える悩みについて話し合い，また受けるかもしれない脅迫，または苦しみについての情報を伝えることは重要である。

◇ 傷害をうけた児童

　極めてまれな状況ではあるが，児童は直ちに手当てを要

する傷をつくって登校して来るかもしれない。この場合，その子をただちに診断と治療のために病院に連れて行く必要がある。親と接触し，この過程に親を関わらせるようあらゆる努力がなされるべきである。病院のソーシャルワーク関係職員は報告を受けるべきであり，医学的診断と治療がなされた後に，状況が評価されるべきである。

図1：「学校で児童虐待が疑われるケースへの対応」は，虐待が生じたと考えられる場合に，どのように手続きを進めるべきかについて，すぐに使える手引きを用意している。

◇ 児童保護調査

児童虐待に関する大多数の報告書は，ソーシャルサービス部の児童保護サービス担当者に渡たされる。しかし，児童が家族以外の人物によって被害を受けたことが明らかな状況では，警察に通告するのが適切であるかもしれない。警察は，そのような事件を取り扱う専門家により構成される児童保護班をもっている。

地方当局は，1989年児童法第47条によって，児童虐待について，どのような申立てをも調査する義務を持つ。そのような調査の主な目的は，事実を立証すること，それらの記録を作成すること，児童保護の措置をとる基礎として当

第Ⅱ章 児童虐待の疑いがあるケースへの対応

図1 学校において児童虐待の疑いがあるケースへの対応

	虐待の疑いがある種々の徴候の認知	
	児童保護連絡担当教師との話し合い	
緊急の医学的治療	親との話し合い	以後の措置なし
	地方当局ソーシャルサービス部との接触	
単一機関，または多機関による要援助児童の支援 ｜ 記録の作成，進捗状況のチェック	児童保護通告 機関間通告様式の完成 記録の作成	以後の措置なし ｜ 記録の作成，進捗状況のチェック
	児童および家族の支援	

該児童に対するリスクを評価すること，また児童のニーズが家庭内で満たされている程度を評価することなどである。

児童や家族の評価は，調査の中心的な部分であるが，2000年以降，『要援助児童，およびその親についての評価の枠組み』（以下，『評価のための枠組み』〈文献6〉）によってなされている。この枠組は，児童のニーズを確認し，さらにそうしたニーズが家庭内で，またもっと広い場でどの程度満たされているのかを確認するために使用される詳細な評価方法である。

◇ 児童保護通告に続いてとられる措置

その目的を達成するために調査が経過しなければならない多くの段階がある。これは，図2の「児童保護調査」で大要が示される。また，次のページで詳細なリストが示されている。

(1) 通告から7日以内に行われる，経験豊富な児童保護ソーシャルワーカーによる『評価の枠組み』の中で第一段階の評価には，次の事項を含んでいる。

　○ 児童のニーズ
　○ 親がこれらのニーズを満たすことが出来るのか，児童を保護す

ことが出来るのか，健康や発達を増進させることが出来るのか
○ 児童を保護し，また児童の福祉を増進するために措置が必要とされるかどうか

第一段階の評価にあたっては，以下が関係する。

○ 児童
○ 親，および他の重要な関係者全員
○ 児童や家族と係わりを持つ他の専門家
○ 通告した専門家および専門機関
○ 調査に関係する書面による記録

第一段階の評価は，以下のことを結論づけている。

○ 迅速な措置，おそらくは法律的措置が児童を保護するためにとられるべきか否か
○ 児童保護調査が，1989年児童法第47条の下で開始されるべきか否か
○ 児童及び家族が，「要援助児童」として，1989年児童法第17条の下で，家族支援サービスに付託されるべきか否か
○ それ以上の何の措置もとる必要がないか否か

第一段階の評価において，児童に必要性があり，または

児童が重大な被害を受けており，あるいは受ける可能性があることを疑うに足る合理的な理由があると決定される場合，第47条の調査が開始されるであろう。

(2) 第47条の調査を完了するために，『評価の枠組み』の中での評価は，以下のことを確認するために行われるであろう。

○ 児童が受けた可能性のある健康や発達に対する危害，または損傷の性質と程度
○ 親が保護でき，また児童の福祉を推進し，その子のニーズを満たすことができる程度
○ 児童や家族が利用できる他の措置
○ 児童にとってのリスクの程度
○ 迅速な措置が児童を保護するために必要とされるかどうか
○ 児童や家族を支援し保護するために必要とされるサービスの種類と範囲

この評価を完了するための措置は，以下のことを含むと思われる。児童を医療関係の評価，またはその他の評価を受けるために連れて行くこと，他の関係する専門家の知識や見解を求めること，次に何をいかになすべきかを計画するために警察や他の関係する専門家とその方策について話

し合うこと，または児童についての既存の記録を探すこと．

(3) 児童に対する，急を要する身体的傷害の高度の危険があると考えられる場合は，ソーシャルワーカーは以下のことを行なうと思われる．

○ 虐待を加えている疑いのある者に，その家庭を去るように働きかけまた説得すること，もしくは短期的に児童を保護する他の措置をとること
○ 緊急保護命令を申し立てること
○ もし親が，医療に関わる評価，または他の評価を目的とする児童への接近を拒否する場合は，児童評価命令を申し立てること

❖ 3 1989 年児童法第 47 条の調査と教師の役割

教師の役割については，政府ガイドラインに概要が述べられている．要するに，それには以下のことが含まれる．

○ 発生する可能性のある虐待の徴候を認識する知識と能力を持つこと
○ 虐待が疑われる場合，ソーシャルサービス部へ通告を行うことについて，児童保護連絡担当教師と協働して，熟考した上で決定をなすこと
○ 親との全てのコミュニケーションは微妙であり，専門的であ

り，また判断を下すべきものではないことを確認すること
○ 観察にもとづいて，正確で，詳細な通告報告書を作成すること
○ 調査を行うソーシャルワーカーが，児童がもっていると思われる特別のニーズ，またはコミュニケーションの障害について確実に知っておくようにすること
○ 第47条の調査において，係わるソーシャルワーカーへ情報を提供すること
○ 学校で児童を支援すること，また調査が児童や家族にストレスを生じることを承知すること
○ 話したことや文書記録の秘密を保持すること

❖ 4 児童保護ケース会議

　児童保護過程の次の段階は，児童保護ケース会議である。この会議は，児童および家族と関わる専門家，今後児童を保護し，かつ（あるいは）家族を支援するサービスを提供する専門家，そして親，を含むものである。

　児童保護ケース会議は，通常ソーシャルサービス部によって招集される。そしてソーシャルサービス部の幹部職員である委員，または特に任命された専門家が議長をつとめる。

◇ 誰が児童保護ケース会議に出席するのか

この会議に関るのは以下の者である。

- ソーシャルワーカー，および他のソーシャルサービス部職員
- 巡回保健師，一般開業医，および家族と関わる他の関係保健専門職，たとえば言語療法士，理学療法士
- 教師，校長
- ボランタリー部門のサービススタッフ，例えば，ホームスタート（Home Start）[1]，シュアースタート（Sure Start）[2]，全国児童虐待防止協会の関係者
- 地方教育当局の職員，例えば，教育心理の専門家
- 他の関連分野の専門家，
- 親
- 親が常用言語として英語を話せない場合は，通訳

親は，地方当局向けの地域児童保護委員会ガイドラインに基づき，児童保護ケース会議の全部，または一部に召喚される場合がある。

◇ ケース会議は何をするのか

児童保護ケース会議の目的は，以下の通りである。

○ 児童について，また児童に関わる虐待の疑いについての情報を蓄積すること
○ 家族の果たす役割に影響を与える原因を話し合うこと
○ 児童についての将来の虐待のリスク，またその疑念の程度を評価すること
○ 児童を保護し，家族を支援する計画を作成すること

　児童保護ケース会議は二つの決定をなす。すなわち，誰が児童にとって主たる担当者であるべきであり（通常はソーシャルワーカーであるが），誰がコアーグループのメンバーか。さらに，児童の名前は児童保護登録に登載されるべきかどうか。

◇ 児童保護登録

　児童保護登録は，虐待のリスクがあると考えられる児童について，集中して管理される記録である。それは専門家が，ある児童が以前に虐待の被害を受けたかどうか，またその疑念が継続しているかどうかを確実に調べることができるために用いられる。登録はまた，児童を保護し，家族が問題にこれまでよりも適切に対処するのを援助し，または児童を別の保護担当者に移管するなど，児童や家族に対して様々な支援の措置をとる契機となる。児童の名前が登

録されている間は，児童の福祉や状況をチェックする，ケース再検討会議が継続して開催されるであろう。

◇ 児童保護ケース会議の勧告

　児童保護ケース会議はまた，児童の福祉を支援し増進すること，さらに間違いなくまた効果的に親が子どもを養育できるように親の養育能力を支援し，またその能力を高めることを意図して様ざまな勧告を行なう。これらの勧告は，児童保護計画に含まれるものである。その計画は，いかに関係機関が児童の福祉を護り，また増進するために貢献できるかに関して目標を提示している。この計画は，第3章「児童保護の法律的・手続的問題」で述べるように，児童を保護するための法律的措置も含む場合がある。これには，わずかのケースであるが，児童を短期的，または長期的に地方当局の保護の下に移すことも含んでいる。もし児童が緊急保護命令に基づき，すでに家庭から分離されている場合は，児童保護ケース会議はその児童が家庭に帰るべきかどうか，あるいは仮保護命令が適用されるべきかどうか，または他の措置が児童を保護するために適用されるべきかどうかに関して合意を形成するものである。児童保護計画は定期的に再検討され，主たる担当者によってチェックさ

れる。

◇ コアーグループ（Core Groups）

　「コアーグループ」は，児童や家族に直接に責任を持つ専門家から構成されている。彼らはケース会議の間に児童保護計画の進捗状況をチェックし，また議論する。教師は，受け持っている特定の児童のために「コアーグループ」に関わることがあるかもしれない。しかし，調査に基づく事実が示しているように，このグループは，しばしば第一回目のケース会議の後消滅している。そして，児童保護計画をチェックし，実施することをソーシャルサービス部に任せきりにしている。明らかに，これは現行のガイドラインや政策に沿うものではない。こうして，児童保護にむけた多機関によるアプローチを強化する継続的な努力がなされており，ヴィクトリア・クリンビー事件の調査以降，その方向に向けて新たな試みが始っている。

◇ 児童保護ケース会議での教師の役割

　教師の役割は，以下のことを含んでいる。

　○ 学校の方針に基づき，ケース会議に出席すること

○ 児童や家族と教師との関係，児童についての虐待の疑念についての根拠などの概要を記して，ケース会議への報告書をまとめること
○ 当該児童が持っていると思われる特別のニーズ，またはコミュニケーションの障害について情報を提供すること
○ ケース会議の中で自らの報告書を説明し，または付け加えること
○ ケース会議の中で他の人が持つと思われる疑問に答えること
○ 情緒的でない，記述的な言葉で，明確かつ正確に，情報を提供すること
○ ケース会議でなされる決定や勧告の作成に貢献すること
○ コアーグループのメンバーになること
○ 児童保護計画を発展させ，また実施すること

❖ 5 児童保護計画

　児童保護計画は，コアーグループによって展開され，また実施される。その目標は，児童の安全を保障すること，その子の福祉を増進すること，間違いなく，また効果的に親がその役割を果たせるように家族を支援することを含んでいる。

　それはまた，計画を実施する場合における多様な機関の役割について大まかに述べようとしている。少数のケース

において，その計画は，児童を親の保護から分離する計画を含む場合がある。

　学校は，児童保護計画の実施に貢献するよう求められる可能性がある。これは，以下のことを含むであろう。

　○ 児童の出席や欠席をチェックすること
　○ 児童の外見や行動をチェックすること
　○ 当該児童の教育面での進歩の程度を評価し，チェックすること
　○ 児童の親との接触によって，親がその役割を果たすことについて支援し，改善を進めること
　○ 児童の健康や発達を護り，増進することを目的とする他の何らかの措置を講じること
　○ 主たる担当者に虐待の疑念を報告すること

　教師は，学校内で，児童に与えられる他の専門的サービスを支援し，または統括することに関わる場合がある。例えば，言語療法，理学療法，特別支援サービスなどである。提供されるサービスや与えられる支援は，以下のことを考慮すべきである。

　○ 児童のニーズや特別支援のニーズ
　○ 家族のニーズや特別支援のニーズ

○ 児童や家族の常用言語，文化，宗教
○ 様々な種類のサービスうち，当該児童や家庭に対して優先して提供されるべきこと
○ サービスの経費，交通手段，利用の便宜性

◇ 児童保護ケース再検討会議

　最初のケース会議の後，当該児童の名前が児童保護登録に登載されると，再検討の日が設定される。再検討は，

(1) 6ヶ月，またはそれまでの期間に開催されること
(2) 児童の福祉をチェックするために活用されること
(3) 児童保護計画の進捗状況を評価すること
(4) 専門家や他の関係者が，児童についての虐待の疑念を提起する場を提供すること
(5) 児童保護計画を必要に応じて修正すること
(6) 以下の場合に，ケース再検討会議の間に，児童の名前を保護登録から抹消すること
　・虐待の危険が何らかの理由で非常に減少した
　・児童がその地区を離れ，他の地方当局の管理の下に置かれた
　・児童が18歳に達した，または結婚した
　・児童が死亡した

　児童のリスクは，親の養育状況に改善が見られること，

虐待者が家庭を離れること，児童が家庭を離れること，または児童が地方当局の保護監督の下に置かれること，などによって減少する可能性がある。

　いったん児童の名前が，児童保護登録から抹消された場合は，その子は，児童保護制度の対象にはなっていない。しかし，その子は「要援助児童」とみなされる場合がある。そして，1989年児童法第17条の規定の下で，また『評価の枠組み』の中で，評価と支援が継続されるものと思われる。

　この項については，「児童保護調査」(図2)において要約される。

❖ 6　実践のためのチェックリスト

　以下の点につき解答を出しなさい。

- ○　自分の所属する学校の児童虐待連絡担当教師は誰ですか。
- ○　虐待の疑いがあるケースを，ソーシャルサービス部に通告するための機関間通告様式はどこにありますか，また誰がそれを完成する責任があるのですか。
- ○　どんな仕組みが児童保護登録をチェックするのに存在しているか，また誰がこれを行なうのですか。
- ○　教師の所属する学校から誰が児童保護ケース会議に出席する

のですか。
○ 児童虐待の疑いがあるケースについての機密情報が，自分の学校においてどのように記録され保管されているのか，誰がこれに責任があるのですか。

【訳注】

（1）「ホーム・スタート」については，後に本書でも述べられるが，もともと1973年にレスターで始まったものであり，1981年に慈善信託（Charitable Trust）として認められた。ホーム・スタートは，困難な状況にある家族のために活動するボランタリー部門から成る組織であり，イギリス全土，ドイツやキプロスのイギリス軍駐留地の地域社会において，児童を育てている親を支援する組織である。具体的には，家庭訪問，家庭に対する支援，グループ活動，いろいろな催しなどを行なっている。現在，6万人以上の子どもとその家族を支援しているとされる。

（2）「シュアースタート」プロジェクトは，1999年よりはじまったものであるが，政府のイニシャチヴによって，多方面の公的，私的，またボランタリー部門の活動を糾合し，児童や家族の支援を強化しようとするものである。具体的には，環境条件のよくない地域において，10歳までの乳幼児の身体的，知的，社会的発達を支援すること，親の労働や学習の機会を拡大し，子育ての環境を整えるなど，家族の支援を強化し，児童の不利な条件を解決すること，望ましい家族支援を行なうことにより，地域のコミュニティの強化と維持に貢献することなどを中心とした事業が行なわれている。

図2 児童保護調査

	地方当局ソーシャルサービス部が受理した児童保護通告	
	7日以内の第一段階の評価	
通常は,緊急保護命令に基づく緊急保護	児童法第47条の調査 警察,および他の機関と方策についての話し合い	要援助児童のために行なう家族支援を求める通告
	『評価の枠組み』の中での評価 医療　　児童　他の機関	
以後の措置なし	児童保護ケース会議	
	児童保護登録への登載 主たる担当者の選任 コアグループの結成 児童保護計画 ケース再検討会議	保護登録なし
登録抹消		登録の継続

第Ⅲ章　児童虐待の法律的・手続的問題

❖ 1 はじめに

　被虐待児童の保護に関しては，法律的枠組が最も難しい問題であろう。この法律的枠組は，児童虐待の疑いがあるケースについて，専門的な対応を行うのか否か，またそれをどの範囲まで行うのかについて，教師が毎日接している児童と家族の生活実態に則して適用されるものである。法律的・手続的枠組みは，如何なる場合にも，何が虐待と認められ，また何が虐待と認められないかを決定するだけではなく，広範囲にわたる専門家に権限と義務を与えるものである。教師は，自分自身の本来の役割とともに，他の児童保護専門家の役割について，その責任と限界を認識しておく必要がある。

　例えば，なぜ地方当局のソーシャルサービス部が，親にひどい育て方をされていると思われる家庭から，児童を引き離さないのかを理解することは，非常にむずかしいことがあり得る。教師の当該児童に対する虐待の疑いは，おそらくその子が受けている保護の質に基づくものであると思

われる。しかし，児童が受けている被害の程度は，法律上の定義としては，虐待と表現するに足るほど著しいものであるとは考えられないことがある。このことは，不安や不満をもたらすことになりうる。特に，他の専門家が関わっている場面ではこうした苛立ちが起こりがちである。しかし，教師の問題意識を高めることは，当該児童とその家族が評価の対象となり，一般的児童保護対策にかえて，「要援助児童」サービスをうけられるようになる可能性をもたらす。子育てをしている家族を従来よりもさらに効果的に援助し，また児童の置かれている状況を改善する場合には，このことは極めて有益であるといえるかもしれない。

　法律的手続について知識をもち，それを理解することは，教師がいっそう効果的に自分の役割を果たす助けとなる。また，他の専門家の役割について，その遵守事項と限界についてさらに明確に理解することにより，教師と他の専門家との関係を改善することに役立つことになる。本章では児童保護と「要援助児童」の支援にむけての法律的・手続的根拠，またこの枠組内での他の専門家の役割，とくに教職員と学校の役割について考察する。

❖ 2　1989 年児童法

　1989 年児童法第 5 章は，イングランドとウエールズにおける法令で定められた機関が実施する児童保護の法律的根拠を組込んだものである。同法は，多くの重要な原則に基づくものである。その原則は児童保護サービスを実施する際に遵守すべき理念を創設したものである。これらの原則は，本質的には児童中心主義にもとづくものであり，児童は単に措置の対象となるのではなく，当該手続の中心となる存在であることを強調している。またこの原則は，良質な児童保護サービスを提供するに際して，重要な条件として，家族と専門家間での，また，異なった機関の専門家の間で，「協力」と「協働」の持つ役割を強調している。

◇ 1989 年児童法の重要な原則

- 児童の福祉は最も重要である
- 法律的手続の遅滞は，児童の福祉を侵害するものであり，回避すべきである
- 裁判所は，命令を言い渡すことが，言い渡さないことよりも児童の利益に叶う場合にのみ，それを言い渡すべきである（不介入主義の原則）

- 決定は，各種機関の専門家と家族が協力して行なうべきものである
- 児童の見解と意見は考慮されるべきである（ただし，児童の福祉に対するニーズは最重要課題とみなされ，これを無視することはできない）
- 児童が地方当局の保護の下に置かれているとしても，「親責任」は常に親にある（親責任は養子縁組命令の言い渡しによってのみ養親に移る）

◇ 児童法第47条

　1989年児童法第47条によって，地方当局は，児童虐待の疑いのあるケースを調査し，児童の福祉を十全に護るための措置を講じる義務を持つ。

　この義務は，通常地方当局ソーシャルサービス部によって果される。教育・保健部には，第47条所定の調査を支援し，援助する義務が付与されている。このことは，教師には，以下のことが求められていることを意味する。

- 児童の福祉や行動，特別支援のニーズ，もしくはコミュニケーションの障害などについて情報提供を求められること
- 児童に関係する全ての出来事，もしくは当該児童について教師が抱いていると思われる虐待の疑いを述べるよう求められる

こと
　○ 当該児童の教育面での発達とこれに関連するいかなる問題についても話し合う必要性があること

　介入を行うべきか否かの決定は，このような調査の中で重要な問題である。児童が虐待を受けているか否か，あるいは虐待の危険にさらされているのか否かを決める基準は何か。「重大な被害」という概念はこの決定を行なうに際して重要な役割を果たしている。

◇「重大な被害」

　この文言は，虐待の疑いのあるケースについて，合法的な根拠に基づく介入の基準を示すために用いられている。このような介入を行なうためには，当該児童が重大な被害を受けていたり，あるいは被害を受ける可能性が高いとみなされることを要する。「被害」とは，以下のように定義される。

● 「虐待酷使（ill-treatment）もしくは健康と発達の傷害」(1989年児童法第31条)

「発達」とは，児童の身体的，情緒的かつ社会的発達，さらには，学習面での発達の全てに関わるものである。要するに，地方当局あるいは当該児童に関わる専門家にとっても，児童が適切に養育されてはいないと判断することだけでは十分とはいえない。子育ての質が当該児童に，「重大な被害」をもたらす可能性があり，もしくはもたらしてきたという証拠がなければならない。このことは現在，『評価の枠組み』の中で行なわれる児童とその家族に関する包括的評価によって確認されている。この評価によって，児童が重大な被害を受けているのかどうか，また児童保護サービスが関与すべきか否かが決定される。教師は，いずれの児童についても，虐待の疑いがあるケースについて記録を確実に保持しておかなければならない。それは，こうした記録が評価過程の一部となり，児童が重大な被害を受けているかどうかの決定に影響を与える可能性があるからである。児童保護調査の期間内に，児童保護ソーシャルワーカーと経験を積んだ医療スタッフが，児童に対する全ての被害がどの程度であるかについての評価に関与することになるであろう。

◇ 1989年児童法により裁判所の言い渡す命令

　裁判所が言い渡すことができる多くの法律上の命令が存在しており，児童保護事件において児童の福祉を護るために活用されている。既述の不介入の原則は，裁判所の命令は，それが児童の状態を改善する場合にのみ言い渡されるべきであることを強調している。このことは，児童の福祉を護るために最善である場合には，裁判所は如何なる命令をも言い渡さないという前向きの決定をすることができるという意味である。また，裁判所はそれが適用される対象に応じて，異なった命令を言渡す権利も持っている。裁判所の命令は通常，ソーシャルサービスという形で地方当局によって実施されている。しかし，全国児童虐待防止協会と警察は，いくつかの命令の言い渡しを求める申し立てを行なうことができる。また，地方教育当局も状況によっては同様のことを行なうことができる。当該命令を言い渡すことが児童の最善の利益である場合には，裁判所の命令は認められるであろう。裁判所に提出される証拠は，児童と関わる多分野の専門家から提出され得るであろう。それゆえ，教師の保持するいずれの事件記録も，明確でわかりやすいものであることが重要である。

◇ 緊急保護命令

　緊急保護命令は，児童が「深刻な身体的危険」にさらされていると考えられる場合，安全な場所へ児童を移動させるか，あるいは児童を安全な場所に留めておくために活用される。緊急保護命令は以下の場合に活用される。

- 対応の遅れが児童にとって極めて危険であり，また児童のニーズを護るために迅速な措置をとる必要がありうる場合
- 児童保護調査が実施されている期間，ならびに児童に対する接近が「不当に拒絶」されている場合

　緊急保護命令を申立てる者は，児童保護のためになしうる，次に述べるような代替的措置がないことを確認しておかなければならない。

- 親が，児童の施設入所に同意していること（児童が地方当局により保護されること）
- 親が，当該児童を養育するにふさわしい親族あるいは他の保護者の下に置くことに同意していること
- 虐待を行った疑いがある人物が，当分の間家庭を離れることに同意していること

自分が勤務する学校の児童が，緊急保護命令に基づき家庭からいずれかの場所に移される場合，当該児童の教育が中断しないことを保障するために，あらゆる努力がなされるべきである。しかし，実際には，児童は家から遠く離れた場所に移される可能性があり，児童を学校に通学させる措置をとることには，多少の時間を要すると思われる。

緊急保護命令の有効期間は，差当り8日間と短期間である。ただし，7日間の更新が可能である。この期間が過ぎると児童に対して以下のいずれかの措置がとられる。

- 児童は仮保護命令の対象となる（下記参照）
- 児童は家庭に帰ることが許可されること
- 当該児童が，養育に適した者と同居するために，他の措置が講ぜられねばならないこと
- 児童は親の同意に基づき，地方当局によって施設で保護されるべきこと

◇ 児童評価命令

児童評価命令は，キンバリー・カーライル事件[1]に関して行なわれたような児童死亡調査の結果をふまえて，1989年児童法の中で新たに設けられた規定である。この規定は，

親が協力的でない場合にも，児童の健康と福祉を評価できる法律上の根拠を鮮明にしたものである。児童評価命令は，地方当局のソーシャルサービス部が，医療その他の評価のために，児童に確実に接触できる手段として用いられている。

児童評価命令の申し立てが問題なく認められる基準には，以下のことを立証することが含まれている。

○ 児童が著しい被害を受けているか，あるいは受ける可能性が高いこと
○ 上記のことを決定するために評価が必要であること
○ 児童評価命令の言渡がなければ評価が行なわれる可能性が低いこと

児童評価命令の有効期間は，7日間である。そして，同命令は児童が特別な評価を受けられるように親に要求するものであり，これには児童が家庭を離れて生活することも含まれ得る。評価は非常に大まかに解釈されており，以下のことを含むものと思われる。身体的評価，精神的評価，心理的評価，教育的評価，もしくは観察や聞き取りなどのその他の関連する評価。

学校はこの評価過程の一部として，教育的評価に関わる可能性がある。しかしながら「通知された決定を児童が，十分に理解し」ている場合，当該児童は評価を拒否することが出来る。

◇ 監督保護命令

　いかなる児童についても監督保護命令が言渡された場合には，当該児童は地方当局の監督保護の下に置かれることになる。ただし，親は，地方当局と親責任の共有を続ける。その場合当該児童が重大な被害を受けており，あるいは受ける恐れのあることが証明されねばならない。そして，この重大な被害の基準は，その子が親から受けているケアの質によるものであらねばならない。もしくはその基準はその子の行動が親の監督できる範囲を越えているということに基づくものである。

　児童は，保護命令の期間が終了するか（児童が18歳になったとき），あるいは一般に親からの申請によって，この命令が取消されるまで，地方当局によって「保護を受ける」。保護命令を言い渡すことは，親の保護から当該児童を長期にわたって引き離すことを意味する。したがって，保護命令は，裁判所がとる非常に重大な措置であるとされている。

そのような措置をとる前に，申請者は（全国児童虐待防止協会も申請できるが，通常は地方当局のソーシャルサービス部），以下のことをなさねばならない。

○ 親が間違いなく効果的に，児童を養育する義務を果たすのを援助するために懸命な努力を行なうこと
○ 全ての関係機関，親，そしてできれば，虐待を受けている児童自身も含めて，幅広い話し合いがなされることを保障すること

　例えば，以前に緊急保護命令が言い渡されており，また当該児童が親の監督保護の下に戻って来ては安全であるとは考えられない場合，裁判所は地方当局が事件に対応できる時間を与えるために，8週間の仮保護命令を言い渡すことができる。
　保護命令が実施されている間，地方当局は当該児童と他の重要な関係者との間の接触を密にするように努めなければならない。ただし，相当程度の危険がある場合にはこの限りではなく，その場合には，指名された関係者との接触を拒否する申し立てをなすことが可能である。
　保護命令を言い渡された児童の保護のために多くの選択肢が存在する。児童を「監督保護」にゆだねる場合，地方

当局は通常以下のことに努める。

○ 12歳未満の全ての児童は，入所施設での保護よりも里親の下に託すこと（もっとも，この選択肢をとることは，通常さらに年長の児童に対しても可能である。）
○ 宗教，文化さらには言語に関して児童のニーズを満たすこと
○ その子にとって大切な人との接触が容易であること，また学校教育や保育を継続できるといった点を考慮に入れること

　しかしながら，大部分の地方当局においては，必要とするに足る数の里親が極端に不足している。養育にふさわしい場の不足が，児童の生活にさらなる混乱を生じる結果となる場合がある。また，児童の養育の場は，自分が慣れ親しんだ環境から遠くはなれたところになる場合がある。
　適切な養育の場の不足は，とくに年長児，障害児，ならびに非白人家庭出身の児童に影響を与えている。

◇ 個別教育計画

　学校は，地方当局によって監督「保護」を受けている児童に対して特別な責任を持っている。公的保護の下にある各児童には，定期的に見直しをを行う個別教育計画（Personal Education Plan）を作成しなければならない。こ

の計画は目標を設定しており，その目標は児童の個別の教育ニーズに焦点を合わせている。

　公的保護を受けているこうした児童について，これまでに，以下のようなことが確認されてきた。

○ 学校教育の場を混乱させることが多かったこと
○ 多くの場合，乳幼児期の教育や就学前の学習支援をうける機会を逸した可能性が高いこと
○ 多くの場合，養育の場を転々と移動し，異なった学校に在籍してきた可能性があること
○ 平均的な児童よりも成績や教育面での発達の水準が劣っていること
○ 資格の取得や継続教育・高等教育への進学率という点で平均的な割合よりも劣っていること
○ こうした児童は，学校における教育面での発達に影響を与える社会的・情緒的問題を抱えている可能性があること

　地方当局の「監督保護を受けている」児童に対する教育の成果は，アッティング報告書（Utting Report）『人みな同じ』[2]の中において，重要な問題として確認された。この報告書の勧告が実施されて以来，当局の「監督保護を受けている」児童の教育面での発達について，さらに徹底した

追跡調査がなされ，またその教育的ニーズを満たすために，以前よりも多くの支援が行なわれるようになった。各学校は，現在，「監督保護を受けている」児童に責任を持つ特定の教師（多くの場合，児童保護連絡担当教師と同一のスタッフであるが）を配置している。こうした教師は自分が受持っている児童の教育をチェックし，支援するという責任を持っている。保護の対象となる多くの児童は，自尊心の低さや劣等感の問題と自ら闘っており，また学校で友人を作ったり，様々な活動に参加することが苦手だと思っている場合がある。

学校において，当局の「監督保護を受けている」児童には，教師は個別教育計画の実施と再検討，情緒的・社会的支援の提供，学習支援の提供などを行うこと，その他の支援あるいは援助のために他の機関へ児童を委託することなどに関与する場合がある。

◇ 指導監督命令

指導監督命令は，1年以上3年未満の期間言い渡すことができる。指導監督命令は，当該児童の福祉に関して虐待の疑いはあるが，親の保護の下から即時に分離する必要がない場合に，地方当局が当該児童と家族をチェックし，支

援することを認めるものである。当該児童は，通常，担当のソーシャルワーカーによって監督される。当該ソーシャルワーカーは，児童に助言し，援助をし，友人となるという職務を果たし，また指導監督の過程で親の協力を強く求めるということなどを行なっている。

◇ 施設入所中の児童

若干の事例において，特定の時点で，親が児童の養育を継続することに重大な障害がある場合，当該家族は，その児童が地方当局によって施設に収容されることについてソーシャルサービス部の意見に同意するであろう。この同意は，任意に行なわれる。そして，児童は地方当局によって「監督保護を受けている」にもかかわらず，親が，元通り自分の役割を回復することを望む場合には，当該児童を施設に引き止めておくいかなる法律的根拠も存在しない。親は，いつでも自分の子どもを親元に取り戻すことを要求することができる。親とソーシャルサービス部の間に十分な合意があれば，児童は場合によっては裁判所の命令の代替的措置の一つとして，施設に収容されることもある。施設収容には，長期的措置と短期的措置がある。

◇ 児童法第17条「要援助児童」

1989年児童法の中に，児童が被害を受け，あるいはネグレクトに苦しめられるのを防ぐために，またその地域での監督保護命令や指導監督命令を受ける児童の数を減らすために，地方当局が，「要援助児童」の福祉を護り，促進するべきであるとする規定がある。

「要援助児童」とは以下のような目的で，地方当局のサービスを必要とする者と定義されている。

- ○ 当該児童が「健康と発達の適切な基準」に達するためのサービス
- ○ 児童の健康と発達の重大な侵害を回避するためのサービス
- ○ 障害を持った児童に関するサービス

2000年以降，虐待の疑いがあるか，児童が援助を必要としていると考えられる場合，そうした全ての児童と家族を対象とした，共通の『評価の枠組み』がある。この共通の評価の枠組みは，次の2つの目的のために導入された。第1は，全ての要援助児童に対して以前よりも広範にわたり，しかも一定の基準を満たすようなサービスの提供をなすこ

とである。また第2は，評価が適切なサービスを効果的に提供することを保障することである。共通の『評価の枠組み』は，また児童保護と家族援助サービスの間にある間隙を埋めることを目的としている。そのことにより，児童とその家族が，異なった時期に，児童保護サービスと家族援助サービスの両者から必要とするサービスを比較的容易に受けられることになる。

❖ 3 児童保護にむけての協働

　教師が知っておく必要がある手続を述べた重要な公文書に，政府ガイドライン『児童保護にむけての協働』がある。それは児童保護に関係する専門家に，その役割について情報を提供するものである。また，この政府ガイドラインには，虐待の定義や虐待の徴候についての情報も含まれている。これらのガイドラインは，児童の保護過程における専門家の責任について，各種専門家集団に明確な指示を与えている。政府ガイドラインは，非常に読みやすく，教師が確信をもてない虐待ケースについて，問題点を明らかにするのに役立ち，その参考となりうる。政府ガイドラインは，http://www.doh.gov.uk で見ることができる。

政府ガイドラインは，新しい手続が作成されるたびに，定期的に更新される。この政府ガイドラインの主な意図は，各種の機関が児童保護のためにいっそう効果的に協働する必要があるということを示すことにある。特に，1980年代における，一連の児童死亡調査報告書は，児童を死に追いやることになった事情に影響を与えているのは，関係機関の間に協力やコミュニケーションができていなかったことが大きな理由であるという結論を下した(文献3)。児童に関わる各関係機関には，専門職の障壁を取り払い，よりよい協働を行なうことが要請されているが，それは児童保護においてはさらに優れた実践を展開する際の継続的な重要課題となっているのである。

❖ 4 地域児童保護委員会

政府ガイドラインは，現在，多機関からなる地域児童保護委員会によって作成された地域児童保護手続を整備する基準として活用されている。地域児童保護委員会は，地方当局の中で保健・ソーシャルサービス・教育・保護観察ならびにボランティア部門の組織を包摂し，児童と関わる各機関の幹部級代表者によって構成されている。

地域児童保護委員会には，次のような責任がある。

○ 児童保護手続を作成し，それをチェックすること
○ 児童保護に関して多機関が協働することを推進し，必要な援助のための方策を提供すること
○ 児童保護の研修を行なうこと
○ 特定の事件，例えば，児童が死亡したといった事件について，見直しを行なうこと
○ その地域における児童保護について年次報告書を作成すること

　その地域を担当する地域児童保護委員会の児童保護手続に関する「文書」は，全ての学校に配布し，教師が閲覧できるようにすべきである。協働の問題は，第4章「児童保護にむけての協働」でさらに十分に検討する。

❖ 5 要援助児童と家族に対する評価の枠組み

　『要援助児童とその家族に関する評価の枠組み』(2000年) は，当該児童と家族が，「要援助児童」のためのサービスを必要としているかどうか，児童保護調査が行なわれるべきであるかどうかを決定し，また，当該児童と家族の特別な

ニーズを決定するため，児童と家族を評価するガイドライン集である。

　総合的な評価の枠組みという概念は，児童とその家族が，そのニーズを満たすために適正なサービスを受けることを保障しようとしている点で重要である。児童は，虐待の疑いがあるか否かに関わらず，この枠組みの中で評価をうける。児童や家族が，1989年児童法第17条に基づいて，児童保護サービスとともに，「要援助児童」サービスを受けうることは重要であろう。同条は，さらなる虐待が起こることを防止できると思われる援助について規定している。政府ガイドラインによれば，その枠組みは3つの重要な分野を含んでいる。すなわち，当該児童の発達上のニーズ，当該児童の発達上のニーズを保障するための親の養育能力，ならびに家族と環境に関わるかなり広範囲な問題点がそれである。

　ソーシャルサービス部は，児童と家族についてのどのような評価を行なう際にも，指導的な役割を果たしている。しかしながら，それ以外の機関も，児童やその家族に対する評価やサービスの提供にむけて，情報，専門的知識，支援を提供するよう求められていれることは明らかである。各学校は，以下のような評価にも関与する可能性がある。

○ 児童の教育上の到達度と能力
○ 学校における児童の行動と問題点
○ カリキュラムを履修することができる児童の能力
○ 親と児童との関係
○ 就学中の児童を支援する親の養育能力と意欲

　児童保護に関係する専門家の役割と責任に関する『評価の枠組み』の導入の影響については，次章「児童保護にむけての協働：多機関によるアプローチ」でさらに詳細に論じる。

❖ 6 実践のためのチェックリスト

○ 政府の重要な公文書である『児童保護にむけての協働』と『評価の枠組み』を揃えておきなさい。
○ 地域児童保護手続と学校の保護手続を活用し，その中で概説されている教職員の責任を確認しなさい。
○ 学校において，「監督保護を受けている」児童を支援する際の教育技能省のガイドラインを読みなさい（http://www.dfes.gov.uk）。

【訳注】
（1）キンバリー・カーライル事件は，1986年，ロンドン東部のグリニッチで

起こった。4歳の児童が,継父によって食事を与えられず,殴打を繰り返されて死亡した事件である。この調査報告書は,児童虐待が疑われるような通告があった場合は直ちに対応すること,またその措置が24時間以内に行なわれるべきことを勧告したものである^(文献4)。

(2) アッティング報告書は,ウイリアム・アッティング卿 (Sir William Utting) を委員長とする委員会が,1997年に公刊した報告書である。これは,『人みな同じ:家庭から離れて生活する児童の保護についての再検討に関する報告書』("People Like Us : The Report of The Review of The Safeguards For Children Living Away From Home") というタイトルで刊行されたものである。同報告書は里親や施設における児童保護の評価を行い,そうした状況における虐待の問題を検討し,児童保護のためにさらなる措置の実施を勧告したものである^(補論参照)。

☐第Ⅳ章☐　児童保護にむけての協働：
　　　　　　多機関によるアプローチ

❖1　はじめに

　児童保護システムの最近の重要な特徴は，協働つまり児童を虐待から保護することにむけての，多機関によるアプローチが強調されていることである。児童死亡調査報告集ならびに児童保護過程についての調査から得られた実証結果は，多くの者から以下のような意見が広く支持されていることを示している。その意見とは，児童保護に関わる異なった機関と各専門家がお互いに密接に協力し，協調して活動する時，児童保護システムは最もよく機能するということである。この取り組みを支えている原則は，政府ガイドライン，1989年児童法ならびに，児童保護に関する他の重要な公文書において明確にされている。虐待が生じた場合，児童と家族を支援するために各機関が密接に協働する必要があることは明らかである。児童保護に向けて多機関によるアプローチを成功させるための努力は，近年大きな成果を挙げてきている。しかし，こうした「協働」には，

なお多くの困難な問題が残っている。

　児童保護システムと関わって活動する専門家は，異なった目的，理念，法律的・手続的制約，ならびに専門的訓練や資格を持ち，広範囲の機関から集められている。各機関の間に，誤解や疑惑がある可能性もある。またこうした実践者集団は，他の専門家についてステレオタイプな見方をしている場合がある。専門家によって使用される専門用語の相違さえ，効果的なコミュニケーションと協力的な関係を推し進めるのに障壁となる場合がある。児童保護における専門家間の協働関係の改善を目的とした，多くの新しい提案がある。それには，地域児童保護委員会によって提供される合同研修も含まれる。しかし，この種の研修は全ての教師が利用できるものではなく，また全ての地方当局において十分な研修の機会が用意されてはいない可能性がある。

　教師には，児童保護について果たすべき重要な役割がある。しかし，多くの教師はこの役割を巡って混乱しており，また児童保護ケースを扱うことに自信を持てずにいるという実証結果がある。虐待を確認し，ソーシャルサービス部に事件を通告すべきかどうかの決定をなすことは重要な領域ではあるが，教師はこれに対応する十分な専門性が自分

にはないと考えている可能性がある。

　本章では，児童保護過程に関与するさまざまな専門家の役割を明らかにし，協働が好ましい方向に進展していく方法を検討する。

❖2 児童保護に関与する専門家の役割

◇ ソーシャルワーカー

　児童保護を担当するソーシャルワーカーの大多数は，地方当局のソーシャルサービス部に勤務している。しかし，相当数のソーシャルワーカーが，全国児童虐待防止協会やバーナードホーム，全国児童ホーム[1]といった児童のための慈善団体によって雇用されているものと思われる。全国児童虐待防止協会は，1989年児童法では，法律的責任を有する唯一の慈善団体である。このことは，同協会が児童保護の分野で先駆的な活動を行なってきた長い歴史を物語るものである。

　ソーシャルワーカーは，法律的・手続的制約の範囲内ではあるが，児童保護過程の中で指導的な責任を果たしている。ソーシャルワーカーは幹部職員によって監督指導を受ける。またソーシャルサービス部には通常，他のソーシャ

ルワーカーに助言と支援を提供するために，児童保護専門スタッフが配置されている。一部のソーシャルワーカーは，病院を活動の場として働いている。病院に配属されているソーシャルワーカーは，児童とその家族，妊婦，ならびに家族の中に麻薬中毒や薬物乱用を行なう成人がおり，このことが児童に有害であると考える場合その家族を支援している。

1989年児童法第47条により，ソーシャルサービス部は，虐待を受けている疑いがある児童を調査する義務がある。この手続に関与するソーシャルワーカーには，この調査を遂行するために，他の専門家や専門機関と協働し，また可能な限り両親をこの手続に参加させるようにすることが期待されている。ソーシャルワーカーの主な任務は，以下の通りである。

○ 他の機関や一般市民からの通告を受けつけ，それに対応すること
○ 当該児童が児童保護登録簿に登載されているかどうかをチェックすること
○ 児童が「深刻な身体的被害」を受ける危険にさらされている場合には，直ちに当該児童を保護するための措置をとること
○ 当該児童とその家族について直接情報を収集し，また他の重要

な専門家からも情報を収集すること
○ 『評価の枠組み』によって当該家族を評価すること
○ 必要に応じて児童保護ケース検討会議を招集すること，または，「要援助児童」サービス担当者に当該児童を通告すること
○ ケースの担当責任者としての役割を果たすこと
○ 児童保護計画を進展させ，実施するためコアーグループと協働して作業すること
○ 当該児童の福祉と安全をチェックし，再検討することを保障すること
○ 必要な条件が整っている場合には，児童保護登録簿から児童の名前を削除することを提案すること

　ソーシャルワーカーの役割は複雑で，しかも過酷なものである。ソーシャルワーカーには，児童と家族との関係を築きあげ，家族支援サービスを受ける当該家族のニーズを査定するとともに，家庭内での児童虐待の疑いを調査することが求められている。ソーシャルサービス部の主な責任は，当該児童を保護し，その児童の福祉を推進することである。このことは当該児童に対する家庭内での養育状態と安全を改善するために両親と協働することによって達成されうるであろう。この任務を行なうに際して，ソーシャルワーカーは，当該児童とその家族の言語，宗教ならびに文

化的ニーズを考慮に入れておかなければならない。

◇ 警　察

　警察には，犯罪を捜査する義務がある。したがって，児童に対する犯罪が発生したと思われる場合には，警察は児童保護ケースに関与する。警察が関与するのは，児童に対する暴行，あるいは性的虐待について証拠が存在する事件が大部分であると思われる。しかし，ネグレクトや心理的虐待が発生した場合，警察はそれらの事件を刑事訴追することができる。

　警察の捜査は，通常，経験が豊富で特別な訓練を受けた職員によって構成されている警察児童保護チームによって行なわれる。警察と児童保護に関わるソーシャルワーカーの間に，以前よりもスムーズな関係を築くために，最近合同研修の機会が増え緊密な活動形態の構築が行なわれてきている。児童保護調査の初期に行なわれる戦略検討会議では，警察の関与の程度とどのように調査を行っていくのかが検討されることになるであろう。通常，ソーシャルワーカーと警察は，当該児童とその家族のストレスを少なくするために，合同面接を含めた，合同調査を行なうことになるであろう。しかし，この2つの機関の間にある責任には，

根本的な違いがある。警察が犯罪者を取り調べて逮捕する権限を持っているのに対して，ソーシャルサービス部は虐待から児童を保護する義務がある。警察の児童に対する主な責務は，以下の通りである。

○ 児童に対する犯罪を捜査すること
○ ある人物が，何らかの犯罪を犯したということを示す証拠がある場合，公訴局に証拠を提出すること
○ 児童を保護するために，ソーシャルサービス部や他の機関と連携して活動すること
○ 当該児童が著しい被害を受けている場合，72時間以内に当該児童の保護と監督を行なうことも考慮に入れて，その福祉を護ること

最後の問題点に関して，警察は1989年児童法第26条により，児童を保護する法律上の義務を有している。警察の権限には，著しい被害を受けるおそれのある児童を，安全な入所施設に移すこと，あるいは児童が安全な入所施設（例えば，病院）から別の場所に移されるのを防ぐことを含んでいる。通常，警察はソーシャルサービス部と協働して活動するが，単独で行動することもできる。

◇ 保健サービス

　一般開業医は，その保護の下にある児童の福祉をチェックし，虐待の疑いについては，いかなることをもソーシャルサービス部に通告する責任がある。巡回保健師は，5歳以下の児童に対して特別な責任がある。また多くの場合，就学前の児童に関わる主要な専門家である。巡回保健師は研修を受けており，その大多数の者は，発生しうる虐待の徴候を確認することについて経験を積んでいる。乳幼児の成長と発達をチェックする保健師は，5歳以下の児童のネグレクトや心理的虐待の可能性を認識する際重要な役割を果す。巡回保健師はまた，乳幼児の福祉の侵害状況をチェックし，虐待が発生した場合，その家族を支援することに関与する重要な専門家であるといえる。

　虐待の疑いがある場合，評価の一環として，児童は医学的診断を受ける場合がある。診察は，通常，経験を積んだ小児科医によって行なわれるが，それは多くの場合，地域の病院の救急部門で行なわれている。このような医学的診断の結果は，虐待が行なわれているか否かを決定する際，重要であるといえよう。しかしながら，他の理由で児童が入院した際に虐待が明らかになることがある。したがって，

いずれの医療関係職員も虐待の疑いを認識し，報告することにより，これに関与する可能性がある。

保健・医療関係職員の主な任務は，以下の通りである。

○ 全ての児童の福祉を増進すること
○ 児童の成長と発達をチェックし，虐待の疑いがあることを記録すること
○ どのような虐待の徴候も漏れなく確認し，それに対応すること
○ 虐待が疑われる場合，その子の身体についてる傷，成長と発達に関する問題，ならびに情緒的な障害などについて児童を診断すること
○ 児童が，「重大な被害」を受けたかどうかを判断するために，ソーシャルサービス部と協働すること
○ 児童保護計画の中で，虐待が発生した場合，児童とその家族を支援すること

◇ 乳幼児保育関係者

学校外の保育所の保育士やベビーシッター，児童養護施設の職員，ならびにその他の乳幼児の保育に携わっている関係職員は，乳幼児の監督と保護について重要な役割を果たしている。乳幼児のための全てのセンターには，現在，虐待の可能性に気づくこと，ならびにその保護の下にある

乳幼児を，確実に保護する措置をとることが求められている。乳幼児保育関係職員のための研修と啓発は，「乳幼児の成長と保護のための協働」(Early Years Development and Childcare Partnerships——EYDCPs と略す) プロジェクトによって，最近徐々に利用されるようになってきた。そして，以前よりも多くの保育担当者が，このような児童保護研修を受けている。センターは，独自の児童保護対策を開発することを求められている。また，「乳幼児の成長と保護のための協働」はとくに，独立かつボランタリーな部門において，虐待についての認識レヴェル高め，またそれを支援するに際して有効に機能している。

　乳幼児の保育担当者は，虐待が発生した場合，家族と乳幼児を支援し，またこの保護の下にある乳幼児の成長をチェックするという重要な役割を持っている。

　乳幼児保育担当者の主な任務は，以下の通りである。

○ 乳幼児保育担当者の保護の下にある全ての乳幼児の福祉と成長を支援すること
○ 虐待のいかなる徴候も認識し，それに対応すること
○ 必要な場合には，ソーシャルサービス部に虐待の疑いがあることを通告すること

○ 虐待が生じた可能性がある場合，乳幼児を保護するためにソーシャルサービス部ならびに他の機関と協働すること
○ 虐待が生じた場合，乳幼児とその家族を支援し，また児童保護計画の中で児童の福祉をチェックすること

◇ ボランタリーな慈善活動組織

　児童が虐待の危険にさらされていたり，虐待を受けてきた場合，その児童と家族を支援するために活動している，前記以外の多くの全国組織，地方組織がある。バーナードホームや全国児童ホーム，全国児童虐待防止協会は全て，地域のニーズに従って，様々な方法で児童を支援するプロジェクトを運営している。これらのプロジェクトには，ファミリーセンター (family centre)[2]，家庭巡回サービス，さらに虐待を受けてきた児童に対する支援サービスが含まれている。類似の活動を行なう多数の地域慈善団体が存在する。これらの機関は，徐々に以前，地方当局によって提供されていた家族支援サービスの大部分を引き継ぐようになってきた。ファミリーセンターが行なっているような多くのサービスについては，ボランタリーな慈善団体の各種サービス提供機関，地方当局のソーシャルサービス部，保健部，教育部が協働して資金を提供している。児童保護に

資金を提供しているその他の全国組織としては、電話による助言と照会サービスを行なう「チャイルドライン」、問題のある家族に親ボランティアを紹介するために家庭巡回サービスを行なっている「ホームスタート」などがある。

中央政府が資金提供を行っているプロジェクト「シュアースタート」は、4歳以下の児童をもつ家庭に対する家族支援サービスを組織化し、またこれを進展するために重要な役割を果してきた。このプロジェクトは、対象地域内で、独立した、ボランタリーな慈善部門の支援を受け、さらに、地方当局と国民保健サービスの支援を受けながら、地域に密着した保健とソーシャルサービスを確立し、進展させている。このプロジェクトの主な責任は、就学前児童の教育と健康の水準を改善することである。しかし、同プロジェクトはまた、それが基盤としている地域社会の中で、児童保護サービスを進展させ、虐待の危険にさらされている児童を支援するという任務も担っている。

ボランタリー部門に属する機関の役割は多様であるが、児童の福祉を支援し推進すること、虐待のいかなる徴候をも確認し、それに対応すること、虐待の疑いについてソーシャルサービス部に通告すること、児童保護計画に貢献すること、ならびに児童の福祉をチェックすることなどを含

んでいる。

◇ 教　師

　教師は，学齢期の児童の援助と保護に重要な役割を果している。このことは，学校によってなされる児童保護通告の割合が高いという結果に現れている。教師は，自分が受け持っている児童に虐待の徴候を見つけ出し，虐待が行われていた場合にはその経緯をチェックし，当該児童を援助するといったことをなす特有の立場にある。全ての学校は，学校内で児童保護体制を進展させることに指導的な役割を果たす，児童保護連絡担当教師を指名する責任がある。教師は，地域児童保護委員会の児童保護手続，地方教育当局の手続ならびに，学校独自の児童保護手続に通じていなければならない。しかし，多くの教師は，十分な研修を受けてはいないし，また虐待が疑われる場合に，効果的に対応できると考えてはいない。バジンスキーは，以下のことを確認した。

　学校は全ての教師が定期的に研修を受けることを望んでいる。その研修内容としては，虐待の疑いがある場合，またそれが発覚した場合にどう対応すべきか，さらに児童虐待の徴候をどう認識するか等

である。これと並んで，教育実習のために学校に派遣された教生，また新たに資格を得た教師に対して，体系的な新任教師研修プログラムの中で，児童虐待問題に特別な関心を払うように求めている。

　多くのいわゆる学部段階の教員養成課程において，児童保護に関する十分な研修が行なわれていない。このことは，ビクトリア・クリンビー事件の調査によって明らかにされた。児童保護が，学部段階の教員養成カリキュラムの一部になっているという事実があるにもかかわらず，児童保護には，アカデミックな専門科目と同様の位置づけがなされておらず，重要視されてはいないという明白な事実がある。1997年に行なわれた小規模調査は，以下のような結論を下している(文献1)。

○ 全ての学部段階の教員養成過程が，児童保護をカリキュラムに入れているとは言えないこと
○ カリキュラムの中で児童保護に割り当てられている時間数に大きな格差があること
○ 児童保護に関する教育があまりにもアンバランスであること

　全ての教師が，資格取得後，研修に参加するわけではない。また，他の専門家との合同研修には，一部の教師しか

出席できていないと思われる。学校に配置された学生に，児童保護手続にアクセス出来るのか否か，また虐待の疑いがある場合にその対応方法について助言を受けているかどうかについて何度もたずねた。その結果児童虐待に関する情報を与えられていた学生の数は，平均して25名から30名で構成される一つのグループごとに，約2名であるのが一般的であることが認められた。94パーセントの学校が適切な児童保護対策を行っているというバジンスキーによる調査結果があるにもかかわらず，上記のような状態である。

　教師の主な役割は，以下の通りである。

- 担当している全ての児童の福祉を推進すること
- 虐待のいかなる徴候をも確認し，それに対応すること
- 児童保護調査に関して，その観察結果と情報の提供を積極的に行なうこと
- 虐待が発生した場合，児童保護計画の枠内で児童をチェックし，かつ支援すること

　授業を行なわない職員も，学校内においては児童を保護する役割を担っている。特に学校保健職員は，その担当する学校において，児童の健康と福祉をチェックし，また必要な場合には児童保護連絡担当教師と虐待の疑いがあるこ

とについて意見を交換する責任がある。

◇ 理　事

　通常，1名の理事が学校内で児童保護問題担当者として指名される。理事は，学校における児童保護のチェックを行なう責任がある。その責任のなかには学校内に適切な児童保護方針が存在することを確認し，また校長に対して児童虐待の申し立てがなされた場合にはこれに対応することを含んでいる。

◇ 地方教育当局

　地方教育当局は，校長と教職員に対して児童保護問題に関する助言と支援を提供する役割を持っている。どのようにしてこうした助言と支援が提供されるかは，各地方当局ごとに異なっている。一部の地方教育当局は，専任の児童保護担当官を置いている。一方，他の地方当局では，当該当局内の別のサービス部門が支援を提供している。地方教育当局は，地域児童保護委員会に代表者を派遣し，また学校における児童保護手続を整備させ，かつこれをチェックする役割を担っている。一部の地方教育当局は，独自に各学校向けの児童保護手続を作成している。一方，他の地方

当局では，地域児童保護委員会の作成したガイドラインを配布している。

　児童保護に関する地方教育当局の最も重要な役割の一つは研修であるが，大多数の当局は，教師に対して必要な基礎的研修を最低限度しか提供していない。しかも，提供される研修の量と種類に大きな相違がある。一部の地方教育当局は，外部研修を「有料で利用し」，他の教育当局は，ソーシャルサービス部の研修担当者を活用している。各地方教育当局が，全ての学校に対して児童保護研修を保障する程度には，かなりの較差がある。バジンスキーは，10 パーセントの学校が，その教職員の 25 パーセント以下の者に対してしか，3 年以内に研修に参加させていなかったことを確認した。地方教育当局の主な仕事は，学校に児童保護手続に関する文書を提供すること，児童保護問題が発生した場合に助言と支援を提供すること，ならびに児童保護問題に関わる研修を提供することである。

❖3　「児童保護にむけての協働」

　第 3 章「児童保護の法律的・手続的問題」で，簡単に触れたように，児童保護に関する担当機関間の連携の枠組み

は，政府ガイドラインにおいて概説されている。このガイドラインは，1989年児童法の原則と各条文に基づいてこれをさらに詳しく述べたものである。それは児童を保護するもっとも効果的な方法として，親との協力ならびに各種機関間の協働が必要であることを強調している。学校はこのガイドラインの中で，以下のような責任を担うことになっている（引用文は全て政府ガイドラインに基づく）。

- 児童の生活指導についての全般的な責任
- 児童保護の方針と手続が適切なものであることを保障する責任
- 学校が安全な環境であることを保障する責任
- 児童の安全を推進し，また他の児童に対する誤まった行動を児童自身に自覚させるため，学校のカリキュラムを活用する責任
- 虐待の徴候を確認し，それに対応する責任
- 調査に際しては，児童の特別なニーズやコミュニケーションの障害を認識した上で実施することを保障する責任
- 児童に対する虐待の疑いを通告し，また第47条に基づく調査（児童保護）のため情報を提供する責任
- 児童保護計画を進展させ，実施するためにソーシャルサービス部やその他の機関と協働する責任

❖ 4 協働における教師の役割

　上記の問題点を検討することで，教師の責任は，多岐に渡るものであり，しかも大きな期待が寄せられているといえる。既述の問題点のうちいくつかは，主として児童保護問題が発生した状況に関するものである。これについては，第2章「児童虐待の疑いのあるケースへの対応」で既に論じた。その他の問題点については，児童虐待が発生しないような環境の整備を学校全体で継続的に推進することに関わるものである。こうしたことは，第5章の中の「児童保護にむけての全校的アプローチ」の項目で論じる。ここでは，他の専門家と協働を行うための教師の責任を論じるつもりである。

　教師には，各専門分野の者で構成される学際的なチームの一員として活動する機会が全ての面で徐々に増えてきている。例えば，

　　○ 教室において
　　○ 特別なニーズの見直しを通じて
　　○ 学習障害を持った児童と関わる継続的な活動を通じて
　　○ 外国語として英語を話す児童を指導する場合

○ 要援助状態にあり，あるいは虐待を受けてきたと思われる児童を指導する場合

　どのクラスにも，教師とともに，児童の支援に関わる者が何名かいるであろう。それを挙げてみると，ある初等学校2年次の授業において，担任の教師の他に，親ボランティア2名，生徒を個人的にサポートする児童保護助手 (childcare assistant) 1名，その子にとっては外国語である英語の習得を支援する教師1名，実習中の保育看護専攻学生1名，等がいた。このチームワークのなかで豊富な経験が蓄積されてきているにもかかわらず，調査結果が示すところでは，児童保護にあたって専門家が協働するとき，しばしば厄介な問題や誤解を生じ，また時には協力に欠ける場合がある。重大な問題点は，目的と目標，活動に向けてのアプローチと活動を支える理念，研修と専門家としての資格，報酬と社会的地位，使用する言語や各専門用語などに相違があることである。

　例えば，児童保護ソーシャルワーカーは，虐待を調査し，児童を保護することに重要な役割を担っている。警察官は，虐待を受けた児童を保護する役割を持っているが，同時に警察官は，発生したいずれの犯罪についても証拠を確認し，

取調べ，それを提示することについて重要な役割がある。教師は児童を保護する役割を持つ。しかしまた，同時に30名，またはそれ以上の他の児童の教育と福祉，学校の評価，親や地域社会との関係，提供すべきカリキュラムの実施方法の検討，等の役割がある。全ての専門家は，個別に研修を受け，勤務時間が異なり，報酬と勤務条件に格差があり，また異なった専門「用語」を使う。このような違いを越えて，協働を求める場合，それに関わる専門家にストレスが生じることとなる。このことは協働することによって，関連分野の他の専門職団体について，否定的な見解を助長することになるおそれがある。そして，こうした否定的な見解は，やがては，協働を否定する凝り固まった考え方につながっていくことになるかもしれない。こうした考え方は，これからの機関間の活動に影響を及ぼすことになりうる。専門家間の職責の違いが問題になる場合，コミュニケーションが乏しいこと，機関間の協力に欠けること，児童を保護し，家族を支援する際の努力が一貫性のないものになること，重要な情報や児童にとってかなり深刻な危険を伝達できないこと，家族を支援できないこと，などが結果として起こり得る。

　効果的な機関間の活動を行う妨げとなる問題を解決する

ために，各種の専門家の間で相互に理解と協力を試み，またこれを改善するために多くの対策が実施されてきた。児童保護における協働を推進するための重要な対策は，以下の通りである。

- 異なった各専門家の役割と責任の概要を示している詳細な児童保護手続
- 多様な機関で構成される地域児童保護委員会の活動を推進すること
- 児童の保護状況について各機関が相互にどう対応するかの概略を述べた機関間実施要領
- 児童保護に関与する専門家の合同研修

各教師について，他の機関の専門家との関係を改善するために考慮すべき多くの問題点が存在する。それには以下のことが含まれている。

- 他の専門家に対する凝り固まった否定的な態度を検討すること
- 必要な場合には他の機関に情報と説明を請求する心構えがあること
- 児童保護手続に関与する他の機関や専門家の役割について認識を深めること

○ 他の専門家との間で，情報，虐待の疑い，また自分の経験などについて相互に積極的な情報交換を行うこと
○ できる限り合同研修に参加すること

❖ 5 実践のためのチェックリスト

○ 児童保護に関与する他の専門家の役割を明らかにするために，1999年の政府ガイドラインをチェックしなさい。
○ 所属地域の各教育当局で，合同児童保護研修に参加できるか否かをたずねてみなさい。
○ 教師が，他の関係機関にどのように対応することが期待されているかについて情報を得るために，学校の児童保護手続をチェックしなさい。
○ 児童保護の様々なケースに関して，機関間協力のための調整の仕組みについて，地域児童保護委員会の手続をチェックしなさい。
○ 他の機関の専門家と専門家の児童保護に関する役割，各機関が児童保護について持っていると思われる問題や懸念事項等について，話し合いなさい。

【訳注】
（1）　バーナードホームは，1866年にアイルランド人医師，トーマス・ジョン・バーナード（Thomas John Barnardo）によって設立された施設であるが，その後，孤児や，その他の，心身障害児を含む福祉に欠ける児童のためにホームや学校，施設を経営している慈善団体に発展した。この団体は，1970年前後よ

り，孤児のためのホームの規模を漸次縮小し，現在では貧困や虐待，差別などで苦しむ，乳幼児や児童，また各種の深刻な問題を抱える家族に対して支援活動を行なっている。また，全国児童ホーム（National Children's Home——通称，NCH）は，1869年に設立されたものであるが，養育環境に恵まれない児童を保護し，その育成に取り組んできた団体である。現在では，貧困や障害，虐待やネグレクトなどが原因で社会から疎外されている児童を支援することに活動範囲を拡げている。具体的には，養親の紹介，児童保護施設の提供，児童や家族支援のための教育の機会の提供，各種の児童・家庭支援プロジェクトへの参加，相談活動などを行なっている。

（2）　ファミリー・センターは，1989年児童法が地方当局にその設置を推奨したことから設置されるようになった。同センターには地方当局のソーシャルサービス部，教育部，保健部などのほか，バーナードホームや全国児童虐待防止協会などから資金が提供されている。ファミリー・センターは，劣悪な環境条件にある地域に設置され，虐待が行なわれているか虐待の恐れのある家族，児童保護に問題がある家族の支援にあたっている。具体的には，子育てに関する教育，児童保護，家族問題に関する助言やカウンセリング，親たちへの支援，健康に関する助言などを行なっている。

☐第Ⅴ章☐　虐待の可能性がある児童と
　　　　　　関わる教師の職務

❖1　は じ め に

　児童保護過程は，虐待さらには虐待が深刻になることから児童を保護すること，また児童のニーズが十分に充足されることを保障することを目的としている。とはいえ，この過程で，児童は，虐待と児童保護過程の両者から生じる苦痛やトラウマに苦しむ可能性がある。たとえ一時的であろうと，親の保護から引き離されることは，親が虐待を行っている場合であっても，児童にとっては周章狼狽するようなことであると思える。証拠資料が示しているように，虐待を受けた児童の多くは，自分の親と住むことを望んではいるが，同時に親の虐待が止むことを望んでいる。虐待を受けた児童の多くは，自分の家族から引き離されるリスクをとるよりもむしろ，自分のうけた傷や苦痛を隠すものと思われる。虐待を受けた子は，多くの場合，自分たちの親に愛情を持っている。さらに，その子の家庭内で兄弟姉妹関係に強い愛情が存在していることが多い。こうした愛

情は，児童保護過程において捩れ，または壊れる可能性がある。

　児童が，自分の親の保護から引き離されないとしても，児童保護過程は，当該児童に苦痛を与える可能性がある。児童は，医療やその他の検査・評価を経験するであろう。児童は，自分の家庭生活の窮状や惨状について，第3者と話すように求められるかもしれない。児童は家庭内で起こった，トラウマを生じるような出来事について述べるように求められるかもしれない。児童は，自分の親や他の家族を裏切っていると思うかもしれない。幼児は何が起こっているのか全く理解しないままに，他の家族の緊張や不安，苦痛に気付くかもしれない。虐待を行っている者が刑事訴追され，または家庭を去らねばならない場合は，児童は自分のせいで家族崩壊を生じたという激しい罪悪感にさいなまれるかもしれない。若干のケースでは，事件について児童が語ることを，家族は信じないかもしれない。そして，家族から見捨てられたと思うのはまさにその子かもしれない。

　児童保護過程は，児童や家族がその手続の中で経験する苦痛やトラウマをできるだけ少なくしようと配慮している。児童との面接は，経験豊かなソーシャルワーカーや警察官

によって行われる。またこれは，最小限にとどめられる。児童が，法廷で，刑事訴追をうけた虐待者の前で証言をする必要がないように，多くの場合証言はビデオに収録される。全てのケースにおいて，できれば家族を一緒に生活させること，または家族間の接触を維持することは，関与する専門家が重視することである。しかし，実際には，問題が生じる場合がある。児童が里親家庭に養育を託される場合，児童と家族は互いに引き離されるであろう。親との接触は，もし児童がかなり離れたところで養育されるのであれば困難であろう。本章では，虐待が生じた場合に，教師が児童や家族を支援しうる方法について述べる。

❖ 2 児童虐待の影響

　児童は，多くの異なった面で，虐待の影響を受ける可能性がある。この状況に児童がどう反応するかは，以下のような多くの要因によって異なるものと思われる。

○ 児童の年齢や理解力
○ 児童の性格やパーソナリティ
○ 虐待のタイプと程度
○ 児童と虐待者との関係

○ 児童が他の家族から受ける支援の程度
○ 家庭内で児童が受ける保護の程度
○ 児童の日常生活が混乱している程度
○ 関係する専門家の対応

　どの子も虐待の影響に特有の反応を示すであろう。何人かの児童は，生涯にわたって引ずる問題に苦しむであろう。また別の子は，さほど影響を受けないように思えるかもしれない。虐待の衝撃は，短期的なこともあり，長期的なこともあり得るかもしれない。考えられるその虐待の影響は，以下の通りである。

○ 退行的行動，心痛，不眠，泣き叫び
○ 怒り，攻撃，引きこもり，不幸であるという思いこみ，恐れ
○ 自尊心の欠如，劣等感，新しい課題または経験に取り組む意欲の欠如
○ 身体の損傷
○ 成人，または他の児童に対する性的行動
○ 寝小便，便のたれながし，かんしゃく，感情の爆発
○ 妄想的，または脅迫的行動，例えば，自傷行為，髪を引き抜く行為，慇懃無礼な行動，
○ 不平を言い過ぎること，成人に媚を売ること，うわべだけの人間関係

○ 学校での社会性の問題と学習上の問題
○ 成長や発達の一部，または全体への短期的，または長期的悪影響

　虐待の影響は，上記のことに尽きるものではない。児童は，多様な異なったやりかたで，自分の苦痛を表現するかもしれない。長期的に見て，虐待は児童に重大な衝撃を与えるものであり，支援のための介入がなされなかった場合は，虐待を受けた児童は，次のような苦しみを抱えた成人になる可能性がある。すなわち，自尊心の低さ，悲観的な自己イメージ，鬱のような精神保健上の問題，アルコールや薬物乱用の問題，他者と良好な関係をきずく能力の欠如，虐待を孕む人間関係，学歴の低さ，雇用の機会の乏しさ，などである。

　児童は，自分の身に起こった数々のできごとで意欲を完全に失い，自分の経験から立ち直れないと思っているかもしれない。これは，結果的には，鬱を生じ，またはその子が自分に起ったことを全く気にしていないかのような無謀な行動をとるかもしれない。また，無断欠席，暴行，相手を選ばない性行動，年長の児童の場合では薬物やアルコールの乱用に走ってしまうかもしれない。

しかし，児童保護過程と虐待の後遺症が残る時期を通して児童を支援する方策がある。それは虐待の影響を幾分か緩和でき，また児童にたまたま生じたことを，児童自身が理解するのを助け得るものである。おそらく，児童が受けられる最良の援助とは，親身になってくれる成人による一貫した援助である。しかし教師は，虐待を受けてきており，しかもよく知っている児童を受け持つかもしれない。また，それとは違って，虐待がその子の生活状況に変化をもたらしたために，その地域へ移動し，当該教師の学校に通いはじめた児童を受け持つことになるかもしれない。

❖ 3 児童虐待にともなう問題への取り組み

虐待を受けた児童は，自分の身に起こったことについて，様々な感情を持っているかもしれない。そして，こうした感情は，矛盾し，また混乱するものであると思われる。それを手がかりに活動をすることは，児童の経験に即して活動する第一歩である。こうした感情は，ときどき，好ましくない行動を生ずる。または，それは，社会生活に適応し，学習し，発達する児童の能力に悪い影響をおよぼす可能性がある。どの児童も虐待に対してその子特有の反応を示す。

だが，被虐待児童に共通する感情は，以下のことを含むものである。

- 虐待を行った者，また虐待を防ぐことができなかったと思われる他の者に対する怒り
- 罪悪感や恥，虐待が生じたこと対する自責の念
- 家族崩壊の可能性もしくはその現実についての罪の意識，さらには虐待を行った者が家庭から排除されることについての罪の意識
- 自分の将来についての不安や恐れ
- 家族によって必要とされず，愛されず，嫌われてさえいると思える感情
- 親，兄弟姉妹，および他の大切な人々から引き離される場合に生じる悲嘆と喪失感
- 抑えきれない感情，無力感
- 絶望，憂鬱，悲しみ

全ての児童が必ずしも，上記のような感情の一部を持ち，または全てを持つとは限らない。だが，こうした感情は虐待を受けた児童に共通して見られるものであった。虐待を受けてきた何人かの児童は，自分が虐待の悪影響を克服するのを援助してくれるセラピストによる支援を受けるであろう。支援として行われる介入のタイプには，次のような

ものが含まれる。即ち，遊戯療法，作業療法，虐待を受けた他の児童とのグループワーク，カウンセリングによる支援，心理療法による支援，家族療法，児童心理学者からの支援，などである。

　全ての児童が，この種の支援を必要としているとは限らないし，またはそれを利用するとは限らない。支援を受けられず，または支援の提供がない場合でも，一部の児童は，こうした積極的な介入によって恩恵を受けるということは確かな事実である。

❖ 4 被虐待児童を支援する教師の役割

　教師は，関係する他のいずれの専門家よりも，虐待を受けてきた学齢期の児童とひんぱんに接触するものと思われる。しかし，教師は，その時間やエネルギーを他の仕事にも向けなければならない。このため，こうした状況にいる児童に，どうしたら最善の支援を提供できるかを検討することが困難になっている可能性がある。調査が示すように，近年教師の役割や責任が変化し，そのことによって，個々の児童に費すための教師の自由な時間が減ってきたと思われる。これには以下のことが含まれる。

○ 新しいカリキュラムの要請，また新しい計画
○ 記録や一般的な文書業務の増加
○ 過大規模学級
○ 従来より過密な時間割
○ 各教師に対する責任の付加

　教師の時間に制約があっても，虐待を受けた児童を支援できる多くの方法がある。

◇ 被虐待児童自身の感情のコントロールを援助すること

　教師が抱えていると思われるもっとも困難な課題の一つは，児童がどのように思っているかを理解すること，さらに児童が自分に対する虐待に対して持っていると思われる苦痛，悲しみ，怒り，罪悪感，ならびに全てのことを児童自身が克服するよう援助することである。既に論じたように，児童のうち何人かは，この点について特別の支援を受けるかもしれない。他の児童は，支援を受けないかもしれない。児童がセラピストによる支援を受けているか否かにかかわらず，おそらく教師は他のいずれの専門家よりも，更に多くの時間を被虐待児童に費やしており，したがって教師の役割は重要である。児童のうち何人かは，自分を取

り巻く常軌を逸した環境の中で，学校が「安全な天国」であることを認めている。そして，その児童は，自分がたどってきた激しい状況の変化を充分に考慮し，またそれに対応するために学校が提供する安らぎに感謝するであろう。家庭が不安定であり，また家庭環境に変化があった児童は，学校に行くのが辛くなっている。こうした児童は，自分が不在の間に，家族に更なる変化が生じるのを恐れ，家族の近くにいたいと望んでいるかもしれない。

　この状況にある児童を支援することは，忍耐と気転，さらには感受性を必要とする。教師が支援できるいくつかの方法は，次の通りである。

○ 児童に無理に口を開くのを強いることなく，教師がその子と確実に感情を理解し合う機会を持つこと
○ 児童が悲嘆にくれ，または怒っている場合は，その子に「休息」を与えること
○ 一貫して，積極的な対応を続けること
○ その子が，遊び場に向かうことができないならば，小さなことを少しずつする機会を与えること
○ 年長で，援助をしてくれる児童とペアを組ませ，またはグループを作ること
○ 例えば，喪失や悲しみを表している本のように，選択する教材

の影響について細心の注意を払うこと
　○ 親または養育者と虐待の疑いについて理解しあうこと

◇ 対応がむずかしい行動

　虐待を受けてきた可能性のある児童は，自分の行動によって，悲しみの感情，悲観的な感情，または怒りの感情を表現するかもしれない。児童は，自分が持つ感情を表現する言葉を必ずしも十分には持っていない。特に，虐待のような重要なことについてはそうである。児童は，虐待について話し合うことを恐れ，またはそれを話し合うことが問題をさらに悪化させると思っているかもしれない。虐待を受けてきた児童には，家庭状況における変化，また自分を取り巻く人々の態度を含め，立ち向かわねばならないことが沢山あると思われる。これらの児童は，多くの不幸な児童がするのと同じやり方で，対応困難な行動によって，自分の不幸な感情を表現しようとするかもしれない。教師が学校で気づくようなタイプの問題行動は，攻撃，感情の爆発および癇癪，罵り，粗暴，言葉による攻撃，他の児童や成人に対する身体的暴行，無断欠席，また許可なく学校を離れること，泣き叫ぶこと，大声で叫ぶこと，またはヒス

テリックになること，他の児童や成人から逃避すること，引きこもること，孤立すること，要求や指示に応じることを拒否すること，クラスを混乱させること，などである。

　場合によっては，児童は非常に挑戦的になり，または深刻な学校経営上の問題を引き起こすかもしれない。多くの児童にとって，このような過程は，自分の自尊心の低さからくる感情に関わるものであり，また自分がまだ価値あるものであるかどうか確かめるために，他人を挑発する必要から生じるものである。この行動に対処するためには，固い決意とその根本にある原因の認識を必要とする。

◇ 難しい行動に対処すること

　このタイプの行動に対処する方法には，以下のことがある。

- ○ 穏やかで，冷静な状態でいること
- ○ 児童が苦悩していることを認識すること
- ○ 事件が生じたときには，その子を他の児童からひき離すように努めること
- ○ その児童自身とその子の好ましくない行動を区別して考えること
- ○ その児童を続けて援助し，また受容すること

○ 児童の好ましい行動や積極的な行動を賞賛すること
○ 児童に責任を持たせ，成功の機会を与えること
○ 虐待がなかったかのように，またはそれが過去のことであるかのように装うことを決してしないこと
○ 児童の日常生活の中で頼りにされ，信頼されるようにすること
○ その児童に自分がクラスの中で大切な，また価値ある一員であることを確信させること
○ 親及び，児童に関与する他の専門家が一体となって，その子を支援する方法について了解しあうこと

　教師がある児童の虐待調査に関わっておらず，またその子の置かれている状況についてあまり情報をもっていない場合がありうる。この結果，児童の行動に対して効果的に対応するが難しい場合がある。しかしこの状況にいる児童は，単に手に負えない子というのではなく，現実に絶望感やある種の深刻な悩みと闘っている可能性があることを認識することが重要である。

◇ 自尊心の低さと劣等感について援助すること

　虐待を受けてきた児童が，自尊心の低さに悩み，また多くの場面で自信を欠いていることは共通している。自尊心は，児童の経験したことや，自分に対する他人の態度を通

して発達する。虐待を受けた児童は，もっとも身近な者から受ける拒否的な態度を常に経験し，結果として，しばしば愛されていないとか価値がないという感情を抱くようになる。虐待のタイプや深刻さにもよるが，児童は自分を，つまらない者であるとか，居場所がないとか，望まれていないとか，受け入れられてないとか，または悪魔とみなす可能性さえある。その児童は，自分があまり良い子ではないために，または自分が当然傷つけられるに値するので，虐待を受けたと思うかもしれない。性的に虐待を受けた児童は，自分の価値を，成人に対して性的満足を与えることができることだけであると考えているかもしれない。

　児童が自尊心を取り戻し，また自信を回復していくのを援助するのには，ゆっくりとした経過を辿り，一貫し，かつ忍耐のいるアプローチを必要とするといえる。しかし，こうした問題の改善は，児童が虐待の経験を徐々に忘れていくのを援助する鍵となりうる。自尊心のレヴェルが低い児童は，悲しみ，意気消沈し，または引きこもりになっているかもしれない。新しい課題に取り組む自信を欠いており，またはこれを行なうことを拒否するかもしれない。自分自身について先行きの見込みがあまりないと思っているかもしれない。新しい課題に直面したときに，混乱し，立

腹するかもしれない。経験したことのない状況に直面したときに，不安やパニックを示し，または叫び声をあげるかもしれない。失敗すると思い，または自分はそれを達成できないと思うかもしれない。自分を，他人と比べて劣っていると思うかもしれない。そして，友人を作り，友情を維持することがむずかしいと考えるかもしれない。

　こうした児童の自尊心を高めるのを援助する方法は，クラスでなされる学習や学校の周辺での活動にしっかりと位置づける必要がある。児童と接触する全ての成人が，そのアプローチにおいて積極的であり，また首尾一貫していることが必要であり，その子が学校において特別の支援を必要としていることを認識する必要がある。しかし，成功を賞賛したり，承認することは，それに値する場合になされることが必要である。その理由は，虐待を受けた児童は，自分の周りの成人が正直でなかったり，または信頼に値しないことを敏感に悟る可能性があるからである。教師は以下のことによって，虐待を受けてきた児童が，自尊心を取り戻すのを援助することができる。

　○ 児童に対して暖かさと尊敬の念を示すこと
　○ 対応が首尾一貫しており，行動に限界を設けること

- 児童が真に成功する機会を提供すること
- 児童に自己決定を行う機会を与えること
- 児童にその子の能力の範囲内で責任をもたせること
- 他の児童の前で,その子に対する積極的な行動をモデルとして示すこと
- やり遂げたことに心からの賞賛と承認を与えること
- 対応の難しい行動に慎重に対処すること
- その子の話を聞いてやること
- 嘘偽りがなく,信頼され,頼られるようにすること
- 親や他の専門家と虐待の疑いや対応法を了解しあうこと

　一日のうちで,その子が独立して行動し,何かを達成することを促すような,機会が多くあると思われる。しかし,教師はその子のペースに合わせて進み,あまりに多く,またあまりに早くと期待しないことが重要である。

◇ 友情について児童を援助すること

　虐待を受けた児童は,他の児童に決して知られたくない経験をしており,それ故にしばしば自分の周りの者から孤立していると感じている。家庭や家族についての会話に加わることは,家庭から離れて生活し,または虐待する親から分離されている児童にとっては苦痛であると思われる。

児童は自分のうけた虐待の経験ゆえに,他の子とは「違っている」と感じ,またそのレッテルを貼られていると思っている可能性がある。虐待を受けた子が他の児童と友情をきずく場合,またそれを維持する場合に様々な問題があるが,自尊心の低さ,引きこもり,混乱を招く行動がそれに加わると思われる。「当局の監督保護を受ける」児童は,何度か住居の移動を経験していると思われる。またその児童が新しい養育者のところに移動するたびに転校してきたかもしれない。これらの児童の一部は,友人と協調しようとはせず,また友人を作ろうとしないと思われる。なぜならば,こうした児童は,移動に伴ってさらなる別れを経験することを恐れているからである。

その結果として,社会的信頼の乏しさ,友情の欠如,表面的な短期間の友情,また孤立が生じると思われる。虐待を受けている児童の大多数は,利害をともなう関係をつくり,またそれを維持することに問題を抱えている。

児童が,社会性の問題と戦い,友情を持つことに障害があり,または孤立するようになっていると思われる場合,教師は次のことを考慮すべきである。

○ 友情について話し合い,グループ活動の時間に他の児童を支援

すること
- 休憩時間にその児童と遊んでくれる「仲間集団」を作ること
- その子に，他の児童と協力する責任をもたせること
- その児童に対して望ましい行動のモデルを示すこと
- 混乱を招く行動を慎重に取り扱うこと
- 自尊心を回復させるために働きかけること

　虐待を受けてきた児童は，自分の経験，性格やパーソナリティ，虐待のタイプや程度に応じて，いじめをうけ，またはいじめをするようになる可能性がある。いじめは通常，学校の取り扱い方針にしたがって処理されるべきである。しかし，児童の置かれている状況，またそれにいたった事件が考慮され，その対応に適切な支援が取り入れられることが重要である。

❖ 5　児童の学習を援助すること

　虐待を受けてきた児童は，様々な理由から学習が遅滞し，または，後退している可能性がある。ただし，これは虐待を受けている児童の全てに当てはまることではない。その理由の一部には，学校に行く機会を逸していること，家庭が教育熱心でないこと，家庭での話し合いがほとんど行な

われていないこと，適当なおもちゃ，本，ゲームなどがないこと，新しい経験に乏しいこと，就学前教育を受ける機会がなかったこと，信頼感の欠如また自尊心の低さ，集中力に影響を及ぼすような恐怖・痛み・不安，疲労・飢え・寒さ，社会的疎外感または孤立感，などがある。

　児童の学習を支援することは，家庭内での事件が悲惨であり，またはトラウマを生じるようなことであったとき，とくに困難である可能性がある。当該児童は，学校外のできごとに不安があり，悲しみや怒りの感情をもっている時，学習に集中したり，これを愉しんだりすることは困難だと思うであろう。多くの虐待を受けた児童は，自分の学習遅滞に悩み，またその成績に影響が出てくる。その援助のためのいくつかの手段は，以下のことである。

○ 児童の努力や発達を綿密にチェックすること
○ 児童が設定された学習を確実に行うことができるようにすること
○ その児童を支持してくれる仲間，または組み合わせの中に置くこと
○ 特にストレスを与えるような学習を行っている場合には，もっとやさしいレヴェルでその子にあった学習をさせること
○ その子が怒っているとき，また悩みを持ち，悲しいときにはプ

レッシャーをかけるようなことをしないこと
- 課題や教材，本の選択に当ってはその子と一緒に行うように努めること
- 賞賛に値する場合にはほめ，褒美をあげること
- 適当な他の人々，例えば，特別な教育ニーズに関わる連携担当者（Special Educational Needs Co-Ordinator － 通称，SENCO），地方教育当局の特別支援サービスなどからの支援を受けること[1]

◇ 児童を支援する他の専門家と協働すること

　教師は，虐待の後遺症の問題について，児童に関与する唯一の専門家ではないと思われる。少なくともソーシャルワーカーは，おそらく重要な担当者として児童や家族のために選任される。そして児童や家庭を支援する活動に関わる他の人々がいる。これは既に述べた保健関係の職員，セラピスト，ボランタリー部門の組織やおそらく虐待問題担当専門教師を含むであろう。教師は，児童保護計画を発展させ，児童の安全や福祉を確実にチェックするコアグループの一員であろう。児童保護計画は，児童を支援する際，学校に特別な役割を与えていると思われる。家族と協働する専門家が，その職務を統括し，またお互いに効果的に他

とコミュニケーションを持つことが重要である。協働を効果的に推進するためには，教師は，以下のことを行なうべきである。

- 児童保護計画の中で，自分の役割について期待されていることを理解しておくこと
- 主たる担当者が誰であるかを知っていること，そしてその者に対して，自分が抱いている虐待の疑いを伝えること
- 児童保護計画の目的が確実に達成されるように児童保護連絡担当教師と協働すること
- 教師が児童について虐待の疑いを持つ場合には，学校にいる同僚の支援を求めること
- 出来るならば，その児童に関わる他の専門家に話をすること
- 児童保護ケース再検討会議に出席すること（これに関しては教師の所属する学校の方針の範囲内で）
- 児童に関して教師が持っている如何なる虐待の疑いについても，記録を保管すること
- 秘密を保持すること

虐待をうけてきたどの子も，異なった反応を示すものである。そして，教師が，どのように援助できるかについて一般論を述べることは困難である。おそらく教師がこの状況で用いることができる極めて重要なスキルは，児童のニ

ーズやひとりひとりの児童について知ること，またその子に対する日毎の積極的な配慮と関心である。

❖ 6　児童の保護にむけての全校的なアプローチ

　政府ガイドラインで概説された学校の責任の多くは，児童のため虐待を受けない環境を作る全校的な方策を進展させることに関するものである。これらは，児童に対する生活指導の全般的な責任を含んでいる。さらに，児童を保護する適切な方針や手続を保障する責任を含むものである。

◇　学校が安全な環境であることを保障すること

　通学している児童に対して安全であるという意識を培おうとする際，基礎とするべき原則が多数存在している。ここでいう，「安全」とは，児童の身体的安全と共に，情緒的，かつ心理的安全の意識にまで及んでいる。児童が学校を安全な環境と考えて過ごすためには，児童は以下のように認識する必要がある。

　　○　身体的な危害，脅迫，いじめから安全であること
　　○　恐怖，不安，またこうした感情に脅えていないこと
　　○　言葉による虐待，いやみ，嘲笑を受けないこと

○ 児童に学校への帰属意識を持たせ，また児童が学校内で価値ある存在であるとみられるようにすること
○ 児童の貢献が認められ，感謝と賞賛をもって報われること
○ 児童が何かを試みて，失敗したとしても，その失敗が批判されないと思えること
○ 児童が進歩し，達成感をもてるようにすること
○ 児童の特別な家族形態，自分の常用言語，宗教，文化が，学校において重要なものとして承認され，また受け入れられるようにすること

全ての児童に対して，安心感を継続して持たせることは明らかにできない相談である。児童が無二の親友と喧嘩をする場合，または食事の代金をなくす場合，指示された課題を理解できない場合があり，こうした場合に安全ではないと感じることもありうる。しかし，多くの点を考慮することによって，学校にいる時間の大半を，児童が安全だと感じるように援助することは可能である。

○ 家庭的な背景や能力の差に関係なく，学校内で全ての人に対する尊敬の念を伸ばそうとするカリキュラムを使用し，人間的・社会的・情緒的なテーマと関わった教科外活動を規則的に行なうこと[2]
○ 教材が全てのタイプの児童や家族の肯定的イメージを提示す

ることを保障すること
- いじめの問題が学校の方針の中で積極的に，また迅速に取り扱われることを保障すること
- 人種主義の問題は学校の方針の中で積極的に，また迅速に取り扱われることを保障すること
- 言葉による攻撃，名前の呼び方，他の言葉を用いたいじめや人種主義が，身体的攻撃と同じように確実に，真剣にとらえられるようにすること
- グループ活動の時間や他の討論の場を使って，人種主義やいじめに対抗する行動を育成すること
- 積極的な自己イメージを高め，価値意識を創造する課題と責任を児童に与えること
- 児童自身の行動を反省させ，お互いが支援しあい，問題の積極的な解決を求めることなどを奨励すること
- 同僚と様々な方策について理解しあうこと
- 親に学校の方針やこの領域での実践を確実に知らせること

児童は，自分が置かれている環境に行きわたっている気風に適応するものである。また，児童の行動を決定するもっとも重要な要因は，おそらく児童をとりまく成人の行動であろう。

◇ 児童の安全を推進するカリキュラムを使用すること

　状況が変わると児童はどう考えるようになるのか，またどういった行動が人によって受け入れられたり，受け入れられなかったりするのかといったことについて，児童といっしょに問題を探っていく多くの分野がカリキュラムの中にある。学校でおこる虐待問題を説明する特別な計画がいくつかある。例えば，マイケル・エリオット(Elliott, M.)やウェンディ・ティッドマン(Tidman, W.)によって1986年に作成された，「児童の良識を守る」というプログラム('Kidscape Good Sense Defense')がある。こうしたプログラムは，以下のことに焦点をあてる傾向がある。

- ○ 例えば，知らない人にはついていかないというような，安全の基本的となる行動
- ○ 周囲の環境の中の危険ついて児童の認識を高めること
- ○ 自信を持たせること
- ○ 児童自身が潜在的な虐待に現実的に対処する方法
- ○ 児童が自分の判断を信頼するように援助すること
- ○ 児童に規則を破っても自己防衛することを教えること

　カリキュラムによって，潜在的に存在する危険について

の認識を高めることは，こうした問題を取り扱う学校全体の方針の一部に取り入れる必要がある。親は，これらの問題がどのように扱われるかについて学校と合意する必要がある。教材が確実に年齢にふさわしい水準で導入されることを保障する方策が立てられるべきである。

❖ 7　関係機関への教師が行った児童虐待の通告

　最近，児童と関わって働くことに関係する学部レベルの課程に在籍する学生との話し合いの中で，学生が配置された学校や保育所における様々な実践について考えること，また誰がこうした学校や保育所の規則によって保護されているのかを判断するように求めた。現場での実践は様々であった。男子学生は，幼児学校で一切児童に触れてはならないと言われていた。女子学生は，ひざの上にクッションを敷いていない場合には，その上に就学前の児童を座らせてはいけないと言われていた。また，教師が触ってはならないために，5歳の児童はひどい擦過傷を自分で消毒し，包帯をあてていた。

　学生は，これらの実践やこれと同じような他の多くの実践が，児童が虐待を受けるのを保護するよりも，教師が虐

待の申し立てを受けることから身を守る意図によるものであったと結論づけた。明らかに，児童に触れること，または児童と身体的な接触を持つことは，必ずしも不適切なことではない。親の多くは，傷を負った自分の子どもが，まさに必要とされる抱擁を受けないと思うと愕然とするであろう。児童を保護することと，根拠のない虐待の申し立てから成人を守ることとの間の適正なバランスを，我われはいかにして得ることができるのか。ホイットニー(Whitney, B.)は，虐待の申し立てを効果的に処理する学校は，しばしば児童を保護している学校であり，二つのことはバランスをとって進むものであると論じている。彼は，次のように述べている(文献12)。

思うに，児童の保護を完璧に行っている学校は，悪意がありまたは不合理な申し立てに対して教師を十分保護できるであろうし，また本当に虐待の疑いのあるケースを確認することができる。

児童が学校で虐待を受けること，またそのような虐待は明るみに出るのに何年もかかることを認めることが重要である。一部のケースでは，それは長い間潜行する場合がありうる。児童も教師も共に保護されることを保障する重要

な問題は，以下のことである。

- 資格取得以前にも，また以後にも，教師が児童保護の研修を受けられること
- 研修への参加，保護手続についての検討，重要な文書の活用などに見られるような学校内での児童保護問題に関与すること
- 教師による虐待の疑惑をその同僚がすすんで報告しようとすること
- 教師に対する申し立てを取り扱う手続を整備すること
- 意思決定過程が公開されており，わかり易いこと
- 児童，または教師が活用できる支援

　教師に対する申し立ては，他の児童の保護調査と同様の手続によって行なわれる。どの調査でも，児童の福祉は最高の配慮を受けるものとみなされている。しかしこれは，申し立てがなされる場合に，教師が自動的に「有罪」であると做されるという意味ではない。申し立てがなされる手続は，以下のことを含むべきである。

- 当該申し立てが何か根拠を持っているかどうかを確認すること
- 生徒にとってのリスクの程度を評価すること
- 根拠がある場合はソーシャルサービス部と接触し通告をする

こと
○ 調査の間に教師自身,また児童保護のために当該教師を停職させる必要があるかどうか検討すること

　通常,校長はこれらの手続に従う。だが申し立てが校長に対するものならば,理事がこれにあたるべきである。児童保護手続は,他のケースと同様の経過をたどる。

　同僚に対して申し立てをなすことは,大きな責任をともなうことになりうる。手続上の保護があり,法律上の代表,また組合の代表が加わるにもかかわらず,申し立てが根拠のないものであるとわかっても,同僚の経歴や評価は,決して容易に回復できないと思える。しかし,教師は,同僚が虐待に関わっていることを示す十分な証拠をもっているならば,この情報を伝えることが重要である。ごく最近,入所保護施設でなされた児童虐待調査で明らかになった多くのケースは,同僚が虐待を知っていたが,しかし,なんらの行動も起こさず,またはそのことを信じなかった。そして,その後施設に入ってくる児童が,さらなる虐待で傷つけられるのを放置したことである。自分の同僚が学校において児童虐待に関わっている可能性があると確信する教師は,その疑いの事実を記録し,またその事件の時間,場

所などを含む詳細な事項を記録に取るべきである。また虐待の申し立てに含まれている児童とのすべての会話の記録をとり，校長と自分達の虐待の疑いの事実を話し合い，また高度の機密を保持すべきである。

❖ 8 実践のためのチェックリスト

○ 人種上のハラスメント，いじめなどのような行動について関連する学校の方針を十分理解していることを確認しなさい。
○ 教師が行った虐待についての申し立てを処理する学校内での手続をチェックしなさい。
○ 児童の自己防衛力の育成を支援する学校内での教材，またこれに関する学校の方針をチェックしなさい。
○ 児童の自尊心と自信を高めるために，同僚とその方法について理解しあうようにしなさい。
○ 児童の，自己に対する，また他人に対する尊敬の念を育成するカリキュラムを教師がいかに活用できるかを検討しなさい。

【訳注】
（1）「特別な教育ニーズに関わる連携担当者」は，各学校，または幼児教育の場において配置される必要がある教職員である。この職員は，2001年の特別な教育ニーズのための実施要領（Code of Practice for Special Educational Needs）に基づき，特別な教育ニーズのある児童に，様々な支援を提供する責任を有している。小規模の学校では，校長または教頭がこれを兼ね，大規模校では，特別教育支援連携チームを作って対処している。

（2） これは，personal, social, and emotional activities,（通常，PSE activities）と言われるものであるが，いじめ，友情，問題への対処，保健，性教育などの教育を含むものである。

□第Ⅵ章□　む　す　び

　児童を虐待から護ることは，児童に関わる全ての専門家にとって複雑で，労を要する仕事である。教師が自分自身の役割と，他の専門家の役割を認識しておくことは，虐待が生じた可能性がある場合に，児童を援助する確実で適切であると思える行動をとるために重要である。児童保護に関わる教師の役割は，その領域を拡げつつある。現在，どのような児童保護サービスを実施するべきかについて，改革が行われようとしている。この改革が実施されるプロセスで，学校は以前よりもさらに重要な立場に置かれるものと思われる。多くの点で，学校は原則として以前よりも広範囲のサービスを提供する中心となり，また児童保護に関与するさらに優れた多機関間の協働の方策を，良好に進展させるため重要な場として，最も望ましい位置にある。
　他の専門家と協働するスキルを磨くこと，ならびに児童保護研修を受けることによって虐待の徴候を認識できるようになることは，教師が自分の役割を効果的に果すための証の第1歩であるといえる。しかし，教師は，情緒的な障害を受けた児童を理解し，学校内で要援助児童を支援する

ためのスキルを確実に身につけることが益々強く求められてきている。このスキルは、被虐待児童が自信を回復するのを援助し、学習面だけではなく、その社会的情緒的発達を支援するものでもある。本書が、児童虐待を学ぶに当って、教師に役立つように希望する。

　ご健闘を祈って。

【参考文献】

(1) Baginsky, M., *Child Protection and Education*, London: NSPCC., 2000
(2) *Children Act 1989*, London: HMSO. 1989
(3) Department of Health and Social Security, *A Child in Trust: Jasmine Beckford* (The Jasmine Beckford Report), London: HMSO., 1985
(4) Department of Health and Social Security, *A Child in Mind: Protection of Children in a Responsible Society* (The Kimberley Carlisle Report), London: HMSO., 1987
(5) Department of Health, *Working Together to Safeguard Children* HMSO., 1999;* http://www.doh.gov.uk
(6) Department of Health, *Framework of Assessment of Children in Need and their Families*, London: HMSO. 2000; http://www.doh.gov.uk.
(7) Department of Health, *Children and Young People on Child Protection Registers—Year End 31 March 2001*, London HMSO; 2001; http://www.doh.gov.uk
(8) NSPCC., *Child Maltreatment in the United Kingdom*. Reported in the *Independent on Sunday*, 19/11/2000
(9) Revell, P., *'Your part in the war on abuse'*, *TES* 7/2/2003; http://www.tes.co.uk

(10) Shaw, M., *'Share and save a child's life'*, *TES* 31/1/2003; http://www.tes.co.uk
(11) *The Victoria Climbie Inquiry−Report of an Inquiry by Lord Laming*, Crown Copyright: 2003; http://www.victoria-climbie-inquiry.org.uk
(12) Whitney, B., *Child Protection for teachers and schools: a guide to good practice*, London: Kogan Page, 1996

＊このガイドラインは，本書では保健省編となっているが，保健省・内務省・教育雇用省が共同で編纂したものである。

❖ 訳者補論 ❖
── イギリスにおける児童虐待対策の進展 ──

　本補論は，1989年児童法の制定を促した児童虐待ケース，同法制定のプロセス，ならびに同法制定後に発生した児童虐待事件とそれに対応する制度・政策・実施要領等を，訳者が概説したものである。

　1989年法制定にいたるプロセスと1999年新ガイドラインが公刊されるまでの展開については桑原が担当し，2000年以降の動向については藤田が担当した。

❖ 1　1989年児童法制定と1999年に至る児童保護対策の展開

　イギリスにおいて発生した児童虐待事件に関する主要な報告書としては，デニス・オニール事件に関するモンクトン報告書（1945年），マリア・コウエル事件を調査したフィッシャー報告書（1973年），ジャスミン・ベックフォード事件に関する委員会報告書（1985年），クリーヴランド事件に関するバトラ＝スロス報告書（1988年）がある。

　最初の3編の報告書は，里親，義父，実親による身体的虐待が児童の死を招いた事件である。これに対して，クリ

ーヴランド事件は、親、兄弟、その他の親族による児童に対する性的虐待に関する調査報告書である。

　これらの事件の発生を防止できなかったことへの反省を契機として制定されたのが、1989年児童法であった。同法は、被虐待児童に関する対応だけではなく、虐待を受ける可能性のある児童も対象としている。また、従来の親権 (parental right) にかわって、親責任 (parental responsibility) という概念が登場してきた。そして虐待を行った親は、自分の子どもが地方当局の保護の下に置かれている場合であっても、親責任を剝奪されることはなく、これを地方当局と共有することになった。つまり、親子は制度上無関係とはならず、家族関係は維持されるが、それは権利ではなく親責任に基づくものである。

　1989年児童法は、1991年に、一部を除いて実施された。その実施要領が政府の旧ガイドライン(『1989年児童法による協働』、1991) (Working Together under the Children Act 1989, 1991) である。

　当初、児童の福祉について明るい展望を与えた1989年児童法と旧ガイドラインは、その運用のプロセスにおいて問題が生じてきた。

　旧ガイドライン施行の4年後に、その間に問題となった

点に関する調査報告書が2つ出された。第一は、保健省の予算で実施された調査報告書『児童保護——調査研究からのメッセージ』(Child Protection: Message from Research, 1995) である。第二は、バーチオール (Birchall, E.) とハレット (Hallet, C.) が実施した調査をまとめたもので、『児童保護に関する協働——6つの重要な専門職の経験についての調査』(Working Together in Child Protection —a survey of the experience and perceptions of six key professions, 1995) である。この調査は、「児童の親はケース検討会議に参加すべきか否か」という質問をソーシャルワーカー、教師、保健師、医師などに行い、その結果をまとめたものである。

1997年労働党は、ブレアを首相として政権を担当することになった。これによる政策の大きな変化はなかったが、保守党時代よりも福祉政策は多少重視されるようになってきた。この頃、『人みな同じ——家庭から離れて生活する児童の保護に関する報告書』(People Like Us-the Report of the Safeguards for Children living away from Home, 本報告書作成の責任者であるウイリアム・アッティングの名をとって、通称、アッティング報告書という) が公刊された。これは政府に対して現行制度の運用方法に関する改善勧告を行なった

ものである。

　この勧告に対する労働党政府の回答書が、『児童保護の見直しに向けての政府の対応』(The Government's Response to the Children's Safeguards Review, 1998) であった。この中には、翌、1999 年に公刊される新ガイドラインの内容となるものが一部含まれている。

　ところで、1996 年に保守党政府が任命した特別調査委員会が報告書、『ケアの喪失』(Lost in Care, 2000) を提出している。これは親元から離れ、里親や施設で養育されている児童の権利侵害について検討した報告書で、900 ページに及ぶ大著である。これに対する労働党政府の回答書、『教訓から学ぶ──報告書、"ケアの喪失"に対する政府の対応』(Learning The Lessons−The Goverment's Response to Lost in Care) が、同年に公刊されている。

　これに先立って、1999 年、政府の新ガイドライン、『児童保護に向けての協働』が公刊された。既述のように、1989 年児童法は、従来、旧ガイドラインにより運用されてきたが、「その後の児童虐待に関する研究成果と政策の進展を反映させる目的で、1999 年に全面改訂された」のが新ガイドラインである。1999 年新ガイドラインの公刊後は、これに則って 1989 年児童法は運用されていたが、この新ガイドラ

インによってもなお問題が生じ、2000年以降の政策の展開が行なわれるのである。

　1989年児童法以降、児童虐待に関連する他領域での法令の制定、改正には以下のようなものがある。

　① 旧ガイドラインが公刊されたのと同じ年、すなわち1991年に刑事裁判法 (Criminal Justice Act, 1991) が改正された。同改正により、児童の面接にかえて、児童を撮影したビデオテープの提出が、性的虐待を行った者の刑事手続きで使用することが認められるようになった。これは、こうした事件に関与した児童との面接をできる限り回避するためである。

　② 1996年家族者法 (Family Law Act, 1996) の改正により、地方当局などの申し立てにより、繰り返し暴力を振るう家族の一員を、その家庭から追放する命令を言い渡す権限が裁判所に認められた。

　③ 1997年性犯罪法 (The Sex Offenders Act, 1997) により、刑の執行を終えたか否かにかかわらず、性犯罪について有罪の判決を言い渡されたことがある者は、住居を定めるにあたって、地域の警察署に、自己の氏名・住所の登録を行なうことが義務づけられた。これにより、児童虐待防止チームが性犯罪を行った前歴のある者に関する必要な情

報を早急に入手できるようになった。

④ 1999 年に児童保護法（The Protection of Children's Act, 1996）が新ガイドラインの実施と時を同じくして制定施行された。この法律は，児童福祉施設で働く職員の中に児童虐待を行っている者がいるため，不適格者リストを作成し，施設が職員を採用するに当たっては，このリストに基づいて応募者が児童虐待を行ったことがあるか否はのチェックを行なうことを義務づけたものである。

（桑原 洋子）

❖ 2 2000 年以降の児童保護策の展開

（1）ヴィクトリア・クリンビー調査報告書に見られる改善勧告

すでに述べたように，1989 年の児童法制定以後，児童虐待を防止し，児童を保護する施策が進められ，また法令が整備されてきた。こうした状況にもかかわらず，2000 年以後も，ヴィクトリア・クリンビー事件，ローレン・ライト事件をはじめとして，深刻な児童虐待事件が発生した。特に，ヴィクトリア・クリンビー事件は極めて重大な事件で

あり、イギリス社会に大きな衝撃を与えた。

　ヴィクトリア・クリンビー事件は、8歳になるヴィクトリア・クリンビーという女の子が、おばとその愛人から凄惨な虐待をうけ、2000年2月に死亡した事件である。

　1991年にガーナの象牙海岸に生まれたヴィクトリア・クリンビーは、1998年10月にたまたま兄の葬儀のため帰国した、当時フランス在住のおばによって、フランスに連れてこられた。彼女に幸せな生活とよい教育を与えるというのがその理由であった。ヴィクトリアは、しばらくフランスに住み、そこで現地の学校に通ったものの、この頃からおばによる虐待をうけていた。しばらくして、おばは経済的な理由などから、ヴィクトリアをつれてイギリスに移住し、以後ロンドンに住むことになった。この頃からおばのヴィクトリアに対する虐待は次第にエスカレートし、特にこのおばに愛人ができてからは、虐待は激しくなっていった。そして、ついに、2000年2月にヴィクトリアは虐待により死亡したのである。

　ヴィクトリアの虐待がいかに凄惨なものであったかについては、例えば次の2名の担当官の言葉から理解できる。まず、検死官の証言によれば、ヴィクトリアの身体には128箇所以上の傷があった。検死官は、「私がかつて扱った事件

の中で最悪のものであり、また私がかつて聞いた事件のうち最悪のものである」と述べている。また、調査に関わったある人物は、ヴィクトリアの最期の頃の様子について以下のように述べている。「食べ物は冷たいもので、プラスチックの切れ端の上にのせて与えられたのであろう。ヴィクトリアは、風呂場に縛り付けられていた。彼女はプラスチックのプレートのようなものに顔をくっつけ、犬のように食べ物を食べたのであろう。もちろん犬は、排泄物まみれのプラスチックの袋の中にいつも縛り付けられているわけではない。おばのコウアオやおばの愛人マンニングがヴィクトリアを犬のように扱ったというのは適当ではない。彼女は犬以下の扱いを受けたのである」。

　この児童虐待事件がイギリス社会に衝撃を与えたのは、それが凄惨なものであったというだけではなかった。通常、児童虐待事件はなかなか表面化せず、その把握が難しいが、しかしヴィクトリアのケースは当初から、ソーシャルサービス、警察、病院などの機関の多数の担当者が関わっていたことである。このように関係者が関わっており、ヴィクトリアの命を救えた機会が12回以上もあったにもかかわらず、結局は彼女を救えなかったという問題である。つまり、その対応や救出に困難があり、また特別のスキルを必

要としたわけではなく、関係者が自らの基本的な責務を果たしていれば十分に防ぐことができた事件であったのである。

　こうした背景から、2001年4月に、保健大臣、内務大臣は、この事件の事実確認と問題点の分析、さらにその改善策などについて調査するようレミング卿(Lord Laming)に求めた。レミング卿は、4人の専門家を任命し、彼らとともにこの調査に当たった。調査に当たっては、158人の証人を喚問し、また119の書面による証言を受け取り、様々な資料を集めた。そして、これらを分析、検討し、2003年1月に、405ページにおよぶ調査報告書を両大臣宛に提出したのである。

　報告書は基本的に、これまで進められてきた立法や政策を評価しており、「一般的に、児童を保護する法的枠組みは、健全である。欠陥は、法の問題ではなく、その実施上の問題である」とした。すなわち、ソーシャルサービス、警察、保健関係諸機関の内部で、またそれら相互間の実践に問題があったのであり、非能率で不適切なマネジメントがなされていたとしたのである。

　報告書は、主として、組織および責任体制の問題と関係職員の問題を中心として問題点を指摘している。すなわち、

組織および責任体制の問題では、児童保護が家族サービスやその他のサービスを含め、多様な機関が関わる課題であることを確認した上で、こうした体制の中で、組織が機能不全に陥っており、責任が不明確になっている点を指摘している。そして、指導的立場にある者がこれまで十分な役割と責任を果たさなかったことを指摘し、こうした人々がその役割を自覚し、当該サービスのマネジメントに当たり、リーダーシップを発揮すべきことを述べている。そして、中央、地方の児童保護において明確な責任体制を確立する必要性を指摘している。職員の問題では、特に第一線で働く職員たちの資質や責任意識に問題があることである。したがって、こうした職員に対して理論的、また実践的研修の機会を整備し、資質能力を向上させるべきことを指摘している。

報告書は、全部で108項目におよぶ改善勧告を行なっている。それぞれの項目は、3月以内に実施すべきこと、6月以内に実施すべきこと、2年以内に実施すべきことに分けられており、このうち82項目が6月以内に実施すべきこととされている。また、このうち17項目は、児童保護の基本に関わることであり、残り91項目が、ソーシャルサービス、保健、警察関係者へのより細部の具体的な勧告になっ

ている。ここでは，特に児童保護制度の基本に関わる勧告について紹介しておく。

　第1は，中央政府レヴェルの改革である。勧告はまず，中央に政府の中心的な機関として児童家族委員会（a Children Families Board）というものを設けることを提案している。この委員会は，閣僚クラスの大臣が議長を務め，児童問題や家族問題に関係のある省の代表が出席する。この委員会はこれまでばらばらに分かれていた問題について，統合調整の機能を果たすとしている。次に，この委員会の下に執行助言機関である児童家族問題統括機関（the National Agency for Children and Families）を設けることである。この機関の長は，上記委員会に責任を持ち，児童家族問題に関する政策，立法，指導，執行などについて助言し，政策の実施状況を評価，チェック，確認する。また児童家族問題に関して議会ならびに児童家族委員会へ年次報告書を提出する他，必要な情報を提供することなどの任務を行なうとしている。

　第2は地方のレヴェルである。まず，ソーシャルサービスの責任を持つ各地方当局が，当局議会関係委員会の代表から成る児童家族委員会（a Committee for Children and Families）を設けることである。この委員会は，地方で活動

する家族, 児童問題関係諸機関のこれまで以上に密接な協力関係を進め, 効率的運用を確保する狙いがある。

次に, この委員会の下に, 児童および家族関係サービスマネジメント委員会 (a Management Board for Children and Families) を設けることである。この委員会は, 児童家族委員会に責任を持っているが, 警察, ソーシャルサービス, 保健, 教育, 住宅, 保護観察などの関係部局の長, または幹部から構成され, 当該地方当局の執行長がこれを主宰する。この委員会は, 児童および家族問題両者のサービスの執行, 地方関係機関の協働, 地方機関と私的機関間の協働などの職務を果たす責任者 (a Director of Children and Family) を任命する。また, 上記のマネジメント委員会は私的ボランタリー機関やサービスユーザーを含む地方フォーラムを設けなければならない。これらはいずれも, 既存のサービスの枠をはずし, 協働関係をさらに推進しようとするものである。

第3は, これらの諸制度が効果的に運用されているかどうかを確認するために, 関係政府査察官が, これらを協働して査察するべきであるという提案である。これは児童保護や家族の福祉のために明確な責任体制を確保することを目的としている。すなわち, 児童や家族サービスの実施や

管理運営に関わる人々が、そのサービスの効果とサービスを行なう体制に責任を有しているということを確認し、これを実現しようとする提案である。

　第4は、関係諸機関の協働をより実質的、効果的に行なうために情報のシステムを改善し、関係諸機関や関係専門家が児童に関する情報を共有できるようにすることである。この問題については、法的制約があるが、この問題を解決し、記録保管の不備、機関間の情報交換の不全および不明確、対象となる人々に関わる不十分な情報などの問題を解決するために、全ての児童をカヴァーする全国児童データベースを作成することを提案している。

　第5は、職員の資質能力の向上のため、中央及び地方の政府に研修の整備拡充を提案していることである。児童問題は、時間外に対応すべきことが極めて多い。しかし、ソーシャルサービス、保健サービスなどにおいて、こうした時間外には、児童問題にほとんど経験がなく、知識や技術に乏しい職員や臨時職員が配置されることが多く、適切な対応が行なえないことが多い。こうした職員を含め、関係職員の資質・能力を向上させまた責任意識を持たせることで、児童保護や家族の支援に関わる義務を十全に遂行させることを保障する必要があるとしている。

(2) 2004 年児童法案

　児童保護体制については，教育技能省，保健省，内務省をはじめ他の関係機関の 8 人の査察官が協働で調査を実施しており，2002 年 10 月に，『児童を保護すること』(Safeguarding Children) という報告書を提出し，この中で保健，警察，ソーシャルサービスについて改善勧告を行なっていた。政府はこの報告書とあわせ，ヴィクトリア・クリンビー調査報告書の諸勧告の扱いを検討し，2003 年 9 月に，『児童の安全を保持すること——ヴィクトリア・クリンビー調査報告書，および児童を保護するための合同主任査察官報告書への政府の対応』(Keeping Children Safe—The Government's Response to The Victoria Climbie Report and Joint Chief Inspectors' Report Safeguarding Children) を発行した。この中では，一部で留保事項があるものの，大部分についてこれら報告書の趣旨を尊重した対応策をとることを明らかにした。

　これと同時に，『全ての児童が問題である』(Every Child Matters) という政府政策提言書を出し，ヴィクトリア・クリンビー事件発生以後，関係機関が行なってきた諸施策を総括し，上記の 2 つの報告書に対する対応も含めて，今後

の政府の施策や改革案を提示し，一般の市民，関係機関，関係者の意見を求めた。この中で，ヴィクトリア・クリンビー報告書の勧告をほぼ受け入れ，これらを解決するための諸施策を提案した。その際，「児童保護は，児童の生活を全体として改善する政策と分離することができない。我々は，全ての子どもが受ける普遍的なサービスと特別なニーズを持った児童のための対象を絞ったサービスの両者に焦点をあてる必要がある」として，全ての児童がその可能性を十分のばすように支援するとともに，危険を最小限に抑えるためにニーズのある児童により効果的にサービスを集中することを目的として，児童保護を考えている。

　政府は，2004年3月に上記の改革案に対する意見を集約して，政府の政策を改めて提示するとともに，必要となる新たな立法の提案を行なった。こうして2004年3月3日に，既存の制度を大きく変える児童法案が上院に上程された。教育技能大臣のチャールズ・クラーク（Charles Clarke）は，児童法案について「30年来の大きな法改正である」と述べているが，その評価はともかく，これが1989年児童法以来の大きな法改正であることは間違いない。ここでこの法案の骨子を略述しておく。

　児童法案の解説書によれば，法案は，児童のためのサー

ビスに明確な責任体制を確立すること，関係機関のより十分な協働体制を可能にすること，児童保護にさらに重点を置くことなどのため提案されたとされている。

　法案は第1に，19歳以下の児童および青少年に関わる問題について達成すべき目標を提示している。それは，身体的精神的健康増進，虐待やネグレクトの防止，教育や訓練の保障，社会に対して彼らが行なう貢献，社会的経済的福利の確保の5項目である。これら5項目を，新たに設置する中央機関，また地方当局が配慮すべき基本的目標として提示している。

　第2に，中央に新たに児童コミッショナー（Children's Commissioner）を設けることである。このコミッショナーは，教育技能大臣によって任命されるが，単独法人として設置される。この児童コミッショナーは，必要に応じて職務を補佐する職員を任命することができる。コミッショナーは，児童および青少年問題に関わる全ての問題について，広範な権限と職務を持つとされる。例えば，児童や青少年の見解や意見の聴取，児童や青少年に関する問題や政策，立法の提起，全ての機関における児童・青少年問題の認識や理解の推進，さらにこれら機関における実践の奨励，指導助言，必要と考えられる特定児童に関する調査などであ

る。この児童コミッショナーは，国連の児童の権利条約に配慮して職務を行なうこととされている。

　第3は，地方において，児童の福祉と保護のために，地方当局をはじめ関係諸機関が実質的な協力協働体制を確立することに関してである。法案は，地方当局にこうした協働体制の確立を義務づけており，また関係各機関にこれへの協力を求めている。

　第4に，これを前提として，法案は地方制度の改革を提案している。

　まず，これまで法定機関ではなかった地域児童保護委員会（Area Child Protection Committee）を廃止し，より実効力のある地方児童保護委員会（Local Safeguarding Children Board）の設置を提案している。法案は，地方当局にこの委員会の設置を義務づけており，これは，児童保護に関わる当局，および関係各機関の代表から構成される。この委員会は，児童保護を関係機関が一貫して効率的に行なうことを目的としており，またその職務のために関係機関が資金をプールして，1つの基金を作ることも提案している。

　次に，地方児童保護委員会に責任を持ち，児童・青少年問題の執行に関わる児童サービスディレクター（Director of Children's Services）を設けることである。地方当局にはこ

れまで，教育長およびソーシャルサービス部長が設けられていた。法案では，地方当局の裁量によって，これらを統合した児童サービスディレクターを設けうることを提案している。ただし，このあり方は当局によって異なる。その目的は，児童サービスに関わる重要な機関の協働，統合を促進しようとするものである。

　法案はさらに，地方議員のうち1名を当局の児童サービスに関わる指導委員 (lead member) として指名することを求めている。これは政治的なレヴェルでも協働と責任を確保しようとするものである。

　第5は，地方当局における児童サービスに関わる事項について，合同地域査察または調査を行うことについてである。この合同査察は，児童・青少年関係サービスの地方における進捗状況を査察，調査しようとするものであり，そのサービスの質，協働体制などが査察の対象となる。児童サービスについての査察は，主任視学官 (Chief Inspector of Schools) が他の査察官と協議の上，その枠組みを決定するものとされている。

　第6は，児童サービスに関する職務を十分に果たしていない地方当局に対して，教育技能大臣の介入を認める提案である。これはすでに規定がある教育サービスに対する介

入権を児童サービスにも拡大しようとするものであり，教育技能大臣は，当局がその職務を果たしていないと確信した場合は，必要な指示命令を出すことができるとするものである。

第7は，児童に関わる情報を関係職員が共有する問題である。法案は，大臣に地方当局，または他の機関に，児童，およびその福祉に関わる情報のデータベースの作成と維持を求める権限を提案している。これは地方，地域，全国の各段階で作成が考えられている。この情報データベースの目的は，個々の児童や青少年の支援に関わり，またその安全や福祉に懸念を持っている専門家の交流や協働を促進しようとするものである。この情報の問題は，法に一定の規制があるが，児童の安全と保護のために，こうしたデータベースを認めようとするものである。

法案は以上の他，児童の私的養育に関する地方当局の権限の拡充，児童保護命令の修正，監督保護を受けている児童の教育に関する地方当局のいっそうの支援，などについての提案が含まれている。なお，中央児童コミッショナーに関するものはイギリス全土で適用が予定され，それ以外はイングランドおよびウエールズに適用される。ただし，ウエールズについては，法案中特別の規定がある。

児童法案は一部修正を受け議会を通過し，2004年11月15日女王の裁可を受けた。なお，この部分については，「イギリスにおける児童虐待防止システムの問題とその改善策―ヴィクトリア・クリンビー調査報告書とその後の対応」(滋賀大学教育学紀要・第54号，2005年刊行）において詳述している。

(藤田　弘之)

❖ 著者紹介

　本書は，2003年9月に刊行された，ジャネット・ケイによる児童保護に関わる教師のための手引書の全訳である。原書は，以下の通りである。

　Janet Kay, *Teacher's Guide to Protecting Children*, Continuum, 2003

　ここで本書の著者であるジャネット・ケイについて紹介しておく。著者ケイは，児童保護や一般人に関わるソーシャルワークについて現場経験を持っており，現場の実践に資する研究を続けている人物である。ケイは，1974年にエクセター大学に入学し，ここで経済学，政治学を学び，卒業後はシェフィールド地方当局のソーシャルサービス部に就職し，2年間，ソーシャルワーカー補佐として働いた。その後，シェフィールド大学で応用社会学を学び，学士号を取得した後，シェフィールドソーシャルサービス部に復帰し，ソーシャルワーカーとして活動した。

　1987年に北ダービーシャー地方当局ソーシャルサービス部に移り，ここで児童保護ソーシャルワーカーとして活動していた。1989年にはハダースフィールド・ポリテクニ

ックで継続教育(further education)の教員資格を取り,1990年から1999年まで,北ダービーシャー当局のカレッジ(Tertiary College)で,ソーシャルケア,保健とソーシャルケアなどを講義していた。2000年にダービー大学上級講師に採用され,幼児学科に移った。そして,2003年にシェフィールド・ハラム大学に移り,現在,同大学上級講師として,幼児学科に所属している。この間,1997年にシェフィールド・ハラム大学で修士号を取得,続いて2003年に同大学で,『年長兄弟姉妹集団の養子縁組における養育経験』というテーマで,博士号を取得している。

　現在大学では,「児童保護や要援助児童の法律的手続的枠組み」,「幼年期の様々なサービスのマネジメント」,「親の子育てと児童の発達」,「家族支援サービスと介入」,「幼年期の児童保護と教育サービス」,「幼年期に関わる多分野から構成されるチーム」などを講義している。また,著書としては,『児童保護』(1999年),『児童保護のすぐれた実践』(2000年)などがあり,いずれも現在第2版が刊行されている。

(藤田弘之)

❖ 訳者あとがき

　本書は，学校関係者が児童虐待や児童保護に関わる役割や責任を十全に果たす際に不可欠な，知識やスキルの重要な点を解説する目的で刊行されたものであり，教師向けの手引書として出されたものである。したがって，本書は，具体的実践的であり，また実践にあたって不可欠で重要なノウハウやチェックポイントを提示している。

　本書はこうした特徴を持っており，その内容について改めて説明を加える必要はないであろう。ここでは，本書のポイントと着目すべき点のみを整理しておく。

　第1は，近年児童虐待の防止や児童保護と関わって，教師をはじめ学校関係者の役割が極めて重視されており，主要な責任を果たすことが期待されてきていることである。著者によれば，虐待を認識した場合，教師には，「行動を起こすべきか否かの選択の余地」はなく，明確な義務や責任が存している。しかし，こうした役割や責任を果たすに際して，教師には十分な知識もスキルもなく，研修の機会を設けるなどして，彼らがこうした知識やスキルを身につけることが必要なのである。

　第2に，教師が獲得すべき知識やスキルであるが，まず

学校において児童虐待の疑いのある徴候を認識し，それを確認し，適切な対応をとるにあたって必要な知識やスキルである。それは学校内の問題と学校外部との関係の問題に分けられるであろう。

学校内部について言えば，①虐待そのことについての知識，その特徴と徴候，発見のポイント，②これに対応するためのスキルや知識，③児童保護連絡担当教師を中心とした学校の内部の体制や手続きについての知識などである。

学校外部との関係の問題では，他の関係機関や専門職の役割や責任，児童保護に関わる全体の法律的・手続的枠組みについて知識である。虐待を受けた児童の保護は，学校や教師のみで行なわれるのではなく，多様な機関や専門家の協力，協働によってしか解決できない。学校関係者は，こうした全体の枠組みや責任体制の中で自らの位置を明確に理解し，その役割，責任を果たす必要があるのである。

第3は，学校における被虐待児童の支援に関わる知識とスキルである。教師は，被虐待児童がそれぞれ抱える様々な問題を克服し，解決できるよう支援する必要がある。こうした支援は，被虐待児童の生活指導，学習指導など多くの面に及ぶが，彼らの特性やこれを踏まえた対応方法，学校内の協働体制および他の機関との協働体制などについて

の知識やスキルを学ぶ必要性がある。

本書は以上を中心として解説を行なっているが，その中で着目すべきポイントとして次の点をあげることができると思う。

第1は，学校が児童保護に関わる場合，児童に対する虐待の事実や児童の行動，学習についての記録，その他の情報の重要性である。こうした事案が生じた場合には，教師は，確実に記録をとり，証拠を集め，正確な報告書や情報を関係者に提供することが重要であることである。

第2は，児童保護や被虐待児童の支援にあたっては，学校において児童保護連絡担当教師が重要な役割を果たすと考えられるが，それだけでは不十分であり，全校が一体となって取り組む必要性があることである。教師個人はこうした体制の中で，自分の役割や責任を自覚する必要がある。またこうした取り組みの中で，学校そのものを，虐待やいじめ，差別が生じない安全な環境にするよう努めなければならない。さらに，被虐待児童を含め一般の児童が自らの安全について意識し，また自己防護能力を高めるよう，こうしたカリキュラムの開発や教育活動が必要なことである。

第3は，学校において，教師または学校関係者そのものが，虐待を行う主体になる可能性があることである。こう

したケースについての対応や手続きについて各学校で体制作りをする必要があることである。

イギリスにおいては児童虐待の防止体制や対応策が整っており，または整ってきたにもかかわらず，近年なお悲惨な児童の虐待死や虐待問題が頻発しており，この問題のむずかしさを改めて知ることができる。すでに指摘してきたが，こうした中で，さらにその改善策が検討され，種々の措置がとられようとしている。こうした改善策の重要な柱は，児童保護に関係する多くの機関のいっそう密接な連携や協働，さらに関係者の意識改革である。本書でしばしば指摘されてきたように，児童虐待の防止，またその対応と関わって，学校の役割が強調され，その重要性が高まってきた。本書はこうした背景の中で刊行されたものである。

さて，近年わが国においても児童虐待問題が大きく取り上げられ，ようやく施策が本格化しようとしている。これは，わが国でもかなり以前から問題になってきており，対応の必要性が指摘されてきた。こうした動きに弾みがつくのは，2000 年に議員立法として上程され成立した,「児童虐待の防止等に関する法律」を契機としていると思われる。しかし，こうした動きにさらに拍車がかかるのは，2004 年

1月に発生した，大阪府岸和田市の中学生虐待事件であろう。2004年，4月には「児童虐待の防止等に関する法律」が改正され，児童福祉法の改正も2004年11月に行なわれた。こうした改正によって虐待の通告をはじめ，児童保護体制がさらに強化されようとしている。

こうした動きを背景に，厚生労働省には，2000年に虐待防止対策室が設置され，児童虐待防止に向けた施策が検討され，事業化されてきた。そうした施策には，虐待の未然防止策，虐待の発見・通報体制の整備，相談・支援体制の整備，被虐待児童のケアの充実，被虐待児童の家庭復帰支援などがある。こうした動きを受けて，都道府県や市町村のレヴェルでも，育児支援や児童虐待防止ネットワークづくりなど，児童虐待防止に向けた対応が進められようとしている。

教育関係についてみれば，文部科学省は，これまで，学校での児童生徒の問題行動や不登校の原因の一つとして家庭での虐待問題をとらえ，児童・生徒指導の一環でこの問題を考えてきたが，必ずしもこの問題への本格的な対応がなされてきたわけではなかった。しかし，近年の動きを受け，ようやく対応策が講じられようとしている。

地方においても，中央の動きを受け，教育委員会が，児

童福祉や家庭問題関係部局と関わって，児童虐待問題への対応を始めようとしている。この問題については，当面教師の研修を行い，教師の意識を高めること，市町村の虐待防止ネットワークに参加し，他機関との協力を模索することなどが始まっている。学校現場は，虐待が疑われる件につき児童相談所への遅滞ない通告が指導されている。

　イギリスと日本では，もちろん制度も対応のあり方も違う。しかし，日本のこのような状況を見た場合，少なくとも児童虐待の防止体制や対応策の展開という点では，イギリスから学ぶべきことは非常に多いと思われ，本書はその手がかりになる。ここではその中でも学校現場と関わって次の2点を指摘しておきたい。

　第1は，児童保護にあたって，司法福祉の視点を確認する必要があることである。児童虐待の問題は，行政機関の対応は重要であるが，それには限界があり，司法の介入なくして最終的な解決は困難な場合がある。すなわち，様々な助成的支援とともに，法や手続きに即した児童保護を欠くことはできない。今後日本でもこうした点のさらなる整備が進むと思われる。学校や教師は，一般にこうした司法の介入に拒否反応を示す傾向があり，またはこれに不案内であることが多い。イギリスを見た場合，今後好むと好ま

ざるとに関わらず，こうした問題で，教師や学校関係者が司法と関わりを持たざるを得なくなる可能性がある。教育関係者はこの事実を承知し，法的枠組みや手続を知り，これに即して児童の権利を守る必要性があることである。

第2は，学校はパラダイスを目指しながらも，決してパラダイスではあり得ないというパラドックスがあることである。様々な問題が発生し，児童虐待に関しても，教師，または学校関係者が児童を虐待する主体になる可能性もあることである。これも極言かもしれないが，ある意味では楽観的な見方を捨て，児童の権利保障は，善意や良識，道徳のみではなく，制度や法制によって実質化されるべきである。すなわち，教師による虐待が起こりうること，または起こっている可能性を排除することなく，この予防や対応の仕組みを検討することが重要である。

本書は，第1に，現場の教師がイギリスとの違いを知り，児童虐待問題やその対応のあり方について認識し，これを考える契機を与えるものと思う。また，現場実践の1つのガイドラインを示しているものと思う。第2に，日本よりも進んでいると思えるイギリスの児童虐待への対応や制度について学ぶ際，格好の入門書となると思う。本書が，日本の児童虐待問題解決にむけて一つの資料になればと願っ

ている。

(藤田弘之)

❖ おわりに

　本書を訳出するに当っては，出来る限り著者の意に添うよう努力した。しかしそのプロセスで著者の意図や思想を間違いなく読者に伝えることがいかに困難なことであるかを痛感した。訳者の力量不足から訳文に読みづらい箇所が多々あり，訳文の不十分な箇所なども多いと思う。読者諸氏のご叱声，ご指摘をお願いする次第である。

　最後に，この出版事情の困難な折に，快く本書の刊行をお引き受け頂いた信山社出版社長袖山貴氏，ならびに終始有益なご助言をいただいた同社編集部今井守氏に，この場を借りて厚くお礼を申しあげる次第である。

　平成17年1月

桑原 洋子／藤田 弘之

〈訳者紹介〉

桑原　洋子（くわはら　ようこ）
- 1931年　北海道で生まれる
- 1953年　大阪府立女子大学社会福祉学科卒業
- 1956年　大阪市立大学大学院法学研究科修士課程修了
- 1994年　博士（法学）（専修大学）
- 現　在　四天王寺国際仏教大学大学院教授
- 主　著　『社会福祉法制要説〈第4版〉』（2002年，有斐閣）
　　　　　（愼燮重訳，2004年，ソウル大学出版）
　　　　　『英国児童福祉制度史研究』（1989年，法律文化社）
　　　　　『イギリス少年裁判所――児童と法律』（訳，1993年，日本評論社）
　　　　　『佛教司法福祉実践試論』（編著，1999年，信山社）
　　　　　『日本社会福祉法制史年表Ⅰ』（編著，1987年，永田文昌堂）
　　　　　『日本社会福祉法制史年表Ⅱ　戦後編』（編著，1999年，永田文昌堂）
　　　　　『近代社会福祉法制大全』（(1)巻〜(11)巻・別巻）（共編著，1999年〜2001年，港の人）
　　　　　『現代社会福祉法制総覧』（(1)巻〜(4)巻）（編著，2002年，港の人）
　　　　　『現代社会福祉法制総覧』（(5)巻〜(8)巻）（編著，2004年，港の人）

藤田　弘之（ふじた　ひろゆき）
- 1947年　滋賀県で生まれる
- 1969年　広島大学教育学部高等学校教員養成課程卒業
- 1971年　広島大学大学院教育学研究科修士課程修了
- 1974年　広島大学大学院教育学研究科博士課程単位取得退学
- 1974年　広島大学教育学部助手
- 1975年　滋賀大学教育学部講師
- 現　在　滋賀大学教育学部教授
- 主　著　「イギリスニューライトの平和教育批判についての考察」平和研究（日本平和学会）第16号，1991年
　　　　　「イギリスニューライトの同性愛教育政策批判についての一考察」教育学研究（日本教育学会）第58巻2号，1991年
　　　　　「イギリスニューライトの人種関係教育政策批判」大原社会問題研究所雑誌第413号，1993年
　　　　　「イギリスニューライトとサミュエルスマイルズ」滋賀大学教育学部紀要第48号，1999年
　　　　　「イギリスにおけるボウグループの教育政策論議」滋賀大学教育学部紀要第52号，2003年
　　　　　「イギリス保守党関係政策集団，セルスドン・グループの結成とその教育政策論議」滋賀大学教育学部紀要第53号，2004年
　　　　　その他分担執筆・論文等多数

〈著者紹介〉

ジャネット・ケイ（Janet Kay）
　イギリスに生まれる。
　現　在　シェフィールドハラム大学幼児学科上級講師
　主　著　『児童保護』（1999年），『児童保護のすぐれた実践』（2000年），その他

児童虐待防止と学校の役割

2005（平成17）年2月3日　第1版第1刷発行
5570-01010：p1500, p0184, b120

著　者	ジャネット・ケイ
訳　者	桑原　洋子／藤田　弘之
発行者	今　井　　　貴
発行所	信山社出版株式会社

〒113-0033 東京都文京区本郷6-2-9-102
TEL 03-3818-1019　FAX 03-3818-0344
◇笠間来栖支店
〒309-1625 茨城県笠間市来栖2345-1
TEL 0296-71-0215　FAX 0296-72-5410
Printed in Japan　　info@shinzansha.co.jp

Ⓒ J.ケイ，桑原洋子，藤田弘之，2005
印刷・製本／東洋印刷・和田製本
ISBN4-7972-5570-6 C3332
5570-0101-012-070-005
分類328.670

Ⓡ〈日本複写権センター委託出版物〉本書の無断複写は、著作権法上での例外を除き、禁じられています。本書からの複写は、日本複写権センター（03-3401-2382）の許諾を得て下さい。

● 保育所をめぐる法制度の変動と問題点 ●

私たち国民の立場からの視点の保育所改革とは

保育所の民営化

広島大学名誉教授・龍谷大学教授
田村和之 著

1　市町村の保育所設置・整備義務
2　公立保育所の「民営化」
3　無許可（認可外）保育施設
4　保育所の定員超過入所
5　保育所の「規制緩和」
6　保育をめぐる最近の立法と法改正
7　児童福祉法をどう活用するか

保護者・保育士・保育所経営者・行政担当者
　　　　必読の著！！

B6版　112ページ
本体９５０円
（税込９９７円）

フランスの子供たちが読んでいる絵本
若草の市民たち 1～4
税込：各1,470円

文　セリーヌ・プラコニエ
訳　大村浩子＝大村敦志
絵　シルヴィア・バタイユ

社会福祉関係法の逐条解説
児童福祉法
佐藤進・桑原洋子監修
桑原洋子・田村和之編集

税込：7,140円

〈非行少年〉の消滅
－個性神話と少年犯罪－

土井 隆義 著

税込価格： ¥3,675
（本体： ¥3,500)
サイズ：Ａ５判

各誌絶賛の話題の書!
　　　待望の増刷出来

凶悪犯罪を起こした近年の少年たちは凶悪化などしていない。従来の逸脱キャリア型の少年犯罪が激減したために、いわゆる暴発型の少年犯罪が目立ち、凶悪化のイメージを創り出している。暴発型少年犯罪の現代的特徴を分析する。

イジメブックス―イジメの総合的研究
イジメは社会問題である
佐久間忠夫　編

税込価格：¥1,890
（本体：¥1,800）
サイズ：Ａ５判

イジメの問題は、いま生活している子どもたちの悩みにどう答えるかという切迫した問題であり、自殺や殺傷に至る深刻な問題である。できるだけ現代の教育問題の中に入り込み、子どもや先生、親の悩みに答える。

イジメブックス―イジメの総合的研究
イジメと子どもの人権
中川　明（著）

税込価格：¥1,890
（本体：¥1,800）
サイズ：Ａ５判

子どもの人権救済活動、イジメ問題に対する法と法制度の取り組み方、イジメと法のかかわり、イジメの救済と解決法、イジメと少年法、少年審判でのイジメの扱われ方などについて述べる。

アメリカの教育
苦悩するアメリカの教育改革の報告

村田鈴子　著

税込価格：¥1,890
（本体：¥1,800）
サイズ：Ａ５判

アメリカの教育制度をわかり易く紹介。多様性と地方自治の要請と矛盾する学力水準の統一化の要請に苦悩するアメリカ教育。その中でテンポ良く教育を改革する手法を紹介。日本の教育者にも数々の示唆を与えている。

イジメブックス完結編
イジメと家族関係
中田 洋二郎 編

税込価格： ¥1,890
（本体： ¥1,800）
サイズ：A5判

イジメブックス―イジメの総合的研究
イジメはなぜ起きるのか
神保 信一 編

税込価格： ¥1,890
（本体： ¥1,800）
サイズ：A5判

イジメブックス―イジメの総合的研究
学校はイジメにどう対応するか
宇井 治郎 編

税込価格： ¥1,890
（本体： ¥1,800）
サイズ：A5判

イジメブックス―イジメの総合的研究
世界のイジメ
清永 賢二 編

税込価格： ¥1,890
（本体： ¥1,800）
サイズ：A5判

日本、アメリカ、イギリス、オーストラリア、中国、韓国、ドイツにおけるイジメを取り上げることを通して、私たちが知らなかった文化や社会経済的背景を持った国々でのイジメの様相を知る。

本書読者の皆様におすすめです!!

イジメブックス完結編
イジメと家族関係
中田 洋二郎編

税込価格：¥1,890
（本体：¥1,800）
サイズ：Ａ５判

イジメの総合的診断と対応を目指して編集されたイジメブックスの完結編。「イジメと家族」「家族のなかでの癒し」「子どもの自殺とイジメ」など、イジメの原因と対応策を家族関係の中で検討する。

【目次】
1 イジメと家族(学校教育とイジメ　イジメの生じる背景　ほか)
2 家族のなかでの癒し(研究史的展望　ラバーテ理論による健全な家族関係　ほか)
3 アサーション(自己表現)から見たイジメと家族(アサーション—自分も相手も大切にする相互尊重の自己表現　アサーションの視点から見たイジメ　ほか)
4 子どもの自殺とイジメ(心の発達過程とイジメ　わが国における子どもの自殺　ほか)
5 家庭と学校と相談機関との連携(イジメに家族はどう取り組めばよいか　家族と学校との連携のありかた　ほか)